Dieses Buch gehört:

Tiroler Märchen

Tiroler Märchen

Nach der Sammlung der Brüder Zingerle
frei erzählt von Frau Wolle,
illustriert von Irmingard Jeserick

Tyrolia-Verlag · Innsbruck-Wien

3. überarbeitete Auflage 2016

Umschlaggestaltung: Michael Karner unter Verwendung eines Bildes von Irmingard Jeserick
Foto Seite 182: Rupert Larl
Typografie und Satz: Michael Karner, www.typografie.co.at
Lithografie: Perlinger Druck GmbH, D-Furth im Wald
Druck und Bindung: Gorenjski-Tisk, Slowenien

ISBN 978-3-7022-2858-3
E-Mail: buchverlag@tyrolia.at
Internet: www.tyrolia-verlag.at

Inhaltsverzeichnis

Ein Vorwort

»... Denn diese Märchen sind der Mai in jedem Winter, sie lassen es warm und fröhlich werden überall, ... ihnen wohnt eine verjüngende Kraft bei, wie dem Baume der ewigen Jugend. Dies weiß und fühlt das Volk und so lässt es sie, wie sie sind; wo Änderungen vorkommen, da sind sie nur äußerlich, der Kern bleibt immer derselbe. ...«

Mit diesem Gedanken hat J. W. Wolf 1854 die Tiroler Märchensammlungen der Brüder Zingerle eingeleitet. Er gilt damals wie heute. In einer kalten Welt noch viel mehr als in einer kalten Jahreszeit.

Volksmärchen sind keine alltäglichen Geschichten, sondern Überlieferungen, die jahrhundertelang von Mensch zu Mensch weitererzählt wurden. Geschichten, die durch ihre Klarheit im Ausdruck, die Kraft ihrer Bilder und den mitunter subtilen Witz beeindrucken. Was in ihnen steckt, binden sie uns nicht lauthals auf die Nase. Ihre Essenz erschließt sich Menschen, die sich die Erzählungen durch den Kopf gehen lassen, aber auch zu Herzen nehmen.

Aus der Fülle des Vorhandenen hat Frau Wolle für diesen Band eine stimmige Auswahl getroffen. Was vor fast zweihundert Jahren an religiös-moralisierender Botschaft in die Geschichten hineingekleistert wurde, ließ sie weg und befreite die Bilder von biedermeierlicher Patina, ohne sie vordergründig zu modernisieren. Da und dort ein erklärender Satz, vielleicht eine eingeschobene Bemerkung, um das eine oder andere ins rechte Licht zu setzen – das genügt. Wo im Original mitunter Endlos-Schachtelsätze dem Verständnis ein Haxl stellen, hat der einfache klare Erzählstil von Frau Wolle Einzug gehalten. Diese Auffrischung tut der Konzentration auf das Wesentliche gut.

Umso stärker kommt dadurch zum Ausdruck, was diese Geschichten immer schon waren und immer noch sind: beeindruckende Überlieferungen, die kein zeitgeistiges Design brauchen, um in der Gegenwart etwas zu sagen.

Auch zwei »fremden« Märchen hat Frau Wolle in dieser Sammlung eine neue Tiroler Heimat gegeben. Erzählungen, die die Menschen bewegen, wandern von Kopf zu Herz und Herz zu Kopf, kreuz und quer durch die Welt. Das war vor Jahrhunderten schon so und ist heute nicht anders. Meist verändern sich die Geschichten dabei – unmerklich, aber doch. Die Mentalität der jeweiligen Gegend und der Geist der Zeit durchdringen sie langsam. Und das ist gut so – solange sich die Anpassung der Erzählung nicht vordergründig geschmäcklerisch anbiedert, sondern zum tieferen Verständnis beiträgt.

Den Brüdern Zingerle ist zu danken, dass sie die Tiroler Volks- und Zaubermärchen gesammelt, aufgeschrieben und damit auch für uns erhalten haben. Frau Wolle aber dafür, dass diese Tradition eine lebendige bleibt.

Helmut Wittmann
Grünau im Almtal, im Wonnemonat 2007

Der Pechvogel

ES WAR EINMAL ein Mann, der hatte immer Pech.

Wenn er einmal Arbeit fand, machte er alles falsch. Sollte er einmal nicht um den Lohn geprellt werden, so fiel ihm das Geld gewiss durch ein Loch aus der Tasche oder wurde ihm gestohlen. Wenn er ging, dann stolperte er. Wenn er etwas kochte, brannte es ihm an. Brannte es nicht an, so war's versalzen. Wenn er etwas in der Hand hatte, ließ er es mit Sicherheit fallen, besonders wenn's zerbrechlich war. Ja, wenn er aus dem Bett aufstand, konnte es sein, dass er sich gleich das Bein verstauchte. Er hatte solches Pech – wenn über ihm ein Vogel am Himmel flog, dann ließ dieser bestimmt etwas fallen, wie es die Vögel so tun, und dieser Mann wurde gewiss davon auf den Kopf getroffen. Von Frauen will ich erst gar nicht reden, denn die schauen so einen überhaupt nicht an.

So beschloss der Pechvogel eines Tages, im Bett liegen zu bleiben, um dort zu sterben. Doch nach einiger Zeit fing sein Bauch an zu rumoren. Er spürte Hunger und, was noch schlimmer war, auch

Durst. So beschloss er, noch ein letztes Mal ins Wirtshaus zu gehen in der Hoffnung, einen Schnaps spendiert zu bekommen. Das ist nicht so schwer, denn es gilt ja allenthalben, wer ganz alleine seinen Schnaps kippt, der sauft. Wenn einer aber zu zweit oder mehreren dem scharfen Klaren zuspricht, so nennt das jeder trinken. Also fand sich bald einer, der lieber mit dem Pechvogel zusammen trinken als alleine saufen wollte. Ins Wirtshaus hinein ließen ihn die Leute aber nicht, denn beim letzten Mal hatte er viel Glas zerschlagen.

Als er so vor der Tür auf der Bank saß und seinen Schnaps trank, da hörte er die andern reden. Sie erzählten sich dies und das und sprachen schließlich von einer alten Frau, die tief, tief im Wald lebe. Sie wäre so weise, dass sie Antworten auf alle Fragen wisse, und sie könnte jedem Menschen weiterhelfen, der sie findet.

Da dachte der Pechvogel bei sich: »Was habe ich schon zu verlieren? Ob ich daheim im Bett auf den Tod warte oder er mich im Wald findet, das ist einerlei.«

Mit dem frischen Schnapsmut machte er sich sogleich auf den Weg.

Doch damals waren die Wälder noch nicht so wie heute – hier eine Fichte, dort eine zweite und dazwischen viel Raum. Nein, der Wald war wild und finster, voller Dickicht, Dornen, Ranken und Gefahren. Es gab auch noch Tiere im Wald, nicht nur ein paar Vögel in den Zweigen und Hasen im Gebüsch, nein richtig wilde Tiere. Kaum war der Mann in den Wald gekommen, begegnete ihm ein Wolf mit scharfen Zähnen und glänzenden Augen. Doch abgesehen von den Zähnen sah das Tier eher wie der Schatten eines Wolfs aus.

Wenn jemand wissen wollte, wie viele Rippen ein Wolf hat, bei dem hätte er sie zählen können, so dünn war er. Das Untier stellte sich dem Pechvogel in den Weg und knurrte: »Wohin gehst du?«

Da antwortete der Wanderer: »Ja, weißt du, ich habe immer solches Pech. Wenn ich etwas koche, brennt es mir gewiss an, wenn ich –«

»Wo gehst du hin?«, unterbrach ihn der Wolf ungeduldig.

»Ich gehe zur Uralten mitten im Wald, denn es heißt, sie habe Antworten auf alle Fragen, und ich möchte von ihr wissen, was ich tun kann, damit ich nicht mehr solches Pech habe.«

»Kannst du sie von mir auch etwas fragen?«, meinte das Tier nach kurzem Überlegen.

»Sicher«, war die erleichterte Antwort des Mannes. »Eine Frage, zwei Fragen, das ist mir eins. Was soll ich sie denn fragen?«

»Frag sie doch, was ich tun kann, damit ich nicht mehr solchen Hunger leiden muss und endlich etwas Fleisch auf die Knochen kriege. Ich weiß nicht, ich fresse Fliegen, Mäuse, Vögel, aber satt werde ich trotzdem nicht.«

Der Mann versprach's und setzte seinen Weg durch den Wald fort. Es war langwierig und mühsam weiterzukommen. Mit der Zeit wurde er müde und durstig. Da hörte der Pechvogel das Gurgeln eines Bachs. Seinen Ohren folgend, fand er ihn auch bald. Neben dem Flüsschen stand ein ganz kleines, schief gewachsenes Bäumchen, das aussah, als würde es jeden Augenblick umfallen. Unter diesen Baum kniete sich der Wanderer und trank das gute Wasser aus dem Bach. Da hörte er eine leise Stimme fragen: »Wo gehst du hin?«

Der Pechvogel schaute sich um, doch er sah niemanden.

»Wo gehst du hin?«, klang es wieder. Aber so sehr er sich auch drehte und suchte, der Mann fand niemanden, der da sprach. Erst als er zum dritten Mal »Wo gehst du hin?« hörte, merkte er endlich, dass es der kleine Baum war, der da mit ihm redete.

So erklärte er ihm: »Weißt', ich habe immer solches Pech. Wenn ich etwas koche, brennt es mir an, wenn ich Geld habe, verliere ich's, wenn ich etwas Zerbrechliches in der Hand halte, fällt es mir bestimmt herunter –«, und er erzählte dem geduldigen Bäumchen sein ganzes Leiden, das du ja schon kennst. Schließlich schloss er mit den Worten: »Deshalb gehe ich zur Uralten mitten im Wald. Es heißt, sie wisse Antwort auf alle Fragen, und ich möchte sie bitten mir zu sagen, was ich tun kann, um nicht mehr solches Pech zu haben.«

»Kannst du sie von mir auch etwas fragen?«, meinte das Bäumchen da gleich.

»Sicher«, antwortete der Pechvogel. »Eine Frage, zwei Fragen, drei Fragen, das ist mir eins. Was soll ich sie denn fragen?«

»Du siehst doch, wie schön, stark und gerade die anderen Bäume, meine Schwestern und Brüder, hier sind. Sie wachsen in den Himmel und überragen mich alle schon lange. Nur ich kann und kann nicht wachsen. Ach, bitte frag die alte Frau doch, was mir fehlt und ob es denn einen Weg gäbe, dass auch ich noch größer werden könnte.«

Der Pechvogel versprach's und setzte seinen Weg fort. Als es Abend wurde, kam er auf eine Lichtung. Dort stand zu seiner großen Verwunderung ein Haus, das von einem Garten umgeben war. Darin wuchsen und gediehen aufs Beste Kräuter, Blumen, Gemüse, Beeren und Obst. Das Haus war gut gebaut, das Dach wohl gedeckt und davor saß auf einer Bank eine junge Frau – eine wunderschöne Frau, die lächelte den Fremden freundlich an.

Dem Pechvogel schlug das Herz höher und er wäre am liebsten davongelaufen, denn er war es nicht gewohnt, solche Schönheit anzusehen.

Doch wo hätte er hin sollen? So nahm er seinen Mut zusammen und lächelte verlegen zurück.

Bald sprachen die zwei miteinander und sie verstanden sich so gut, wie es selten ist in dieser Welt und kostbar. So redeten sie, bis der Mond am Himmel stand. Der Mann blieb über Nacht in dem Häuschen. Am andern Morgen fragte ihn die Frau endlich, wohin er denn wolle und wozu.

Da erklärte der Wanderer: »Weißt, ich habe solches Pech. Wenn ich etwas koche, brennt es mir immer an, wenn ich Geld habe, verliere ich's gewiss, wenn ich arbeite, mache ich alles falsch. Wenn ein Vogel über den Himmel fliegt –«

Unter uns gesagt – wenn ein Mann so jammert, findet das kaum eine Frau sehr anziehend. Doch diese hier hatte ihr Gegenüber ja schon ins Herz geschlossen, und so hörte sie geduldig zu. Endlich war er bei der Stelle angelangt, an der er sagte: »Deshalb gehe ich zur Uralten mitten im Wald. Wenn sie wirklich Antwort auf jede Frage der Welt weiß, wird sie mir vielleicht sagen, was ich tun kann, um nicht mehr solches Pech zu haben.«

Da schaute die schöne Frau ihn ganz ernst an und bat: »Würdest du ihr auch für mich eine Frage stellen?«

»Sicher«, war die Antwort drauf. »Eine Frage, zwei Fragen, drei Fragen, vier Fragen – was soll ich sie denn fragen?«

»Weißt du, ich bin ja ganz gesund, es geht mir gut, in meinem Garten wächst und gedeiht, was ich zum Leben brauche, mein Haus ist warm und schön. Aber dennoch bin ich manchmal sehr traurig. Ich kann's mir nicht erklären. Also bitte ich dich – frag die Uralte, was ich tun kann, um nicht mehr so traurig zu sein.«

Der Pechvogel versprach's, verabschiedete sich und ging weiter durch den Wald. Als es Mittag wurde, kam er zu einer riesigen Eiche, unter der die Uralte saß, als wäre sie ein Felsen, der schon jahrhundertelang dort stünde. Sie war unglaublich schön, hatte gut tausend Lachfalten im Gesicht, Haar weiß wie Wolken am Himmel und Augen so gut und rund wie Haselnüsse im Herbst.

Da klagte der Wanderer ihr sein Leid: »Ich habe solches Pech. Wenn ich etwas Zerbrechliches in die Hand nehme, fällt es zu Boden, wenn ich gehe, stolpere ich, wenn ich einmal Arbeit habe, mache ich bestimmt alles falsch –«, und er endete mit den Worten: »Sag mir doch bitte, was ich tun kann, damit ich nicht mehr solches Pech habe.«

Die Alte schaute ihn genau an und sprach: »Dein Glück liegt auf deinem Weg.«

Als er das hörte, wurde dem Mann schon leichter ums Herz. Am liebsten wäre er gleich losgerannt, um das Glück auf seinem Weg zu finden. Doch dann fielen ihm noch die Fragen der anderen ein. So berichtete er von der Frau, vom Baum, vom Wolf. Die Weise gab ihm drei Antworten mit, die er sich wohl merkte.

Dann machte der Pechvogel sich auf den Rückweg. Abends erreichte er wieder die Lichtung mit dem Haus der schönen Frau. Wieder unterhielten sich die beiden, und sie verstanden sich noch besser als beim ersten Mal. Die halbe Nacht verbrachten sie mit Reden. Erst am nächsten Morgen fragte die Frau: »Was hat die Weise denn auf meine Frage geantwortet?«

»Sie lässt dir sagen, dass du oft so traurig bist, weil du hier ganz allein und einsam lebst. Wenn einmal einer kommt, der dir gefällt, dann sollst du ihn fragen, ob er bei dir bleiben will.«

Da wurden die Wangen der jungen Frau rosig. Sie fasste sich ein Herz und sagte geradeheraus: »Ja, du würdest mir schon gefallen. Willst du bei mir bleiben?«

Der Pechvogel schaute sie an und seufzte tief: »Auch du gefällst mir wie sonst keine. Nichts würde ich lieber tun als hier zu bleiben. Aber weißt du, zu mir hat sie gesagt, mein Glück liegt auf meinem Weg. Nun muss ich mich beeilen, damit ich's noch erwische.«

Mit diesen Worten sprang er auf, riss sich los und lief in den Wald. Er ging und ging nun Stunde um Stunde. Als es Mittag wurde, fing der Durst an den Wanderer zu plagen. Er suchte und fand das Bächlein wieder, an dem er schon am Vortag getrunken hatte. Da hörte er die sanfte Stimme des Bäumchens fragen: »Und, was hat sie gesagt?«

»Folgendes lässt die Uralte dir ausrichten«, meinte der Mann: »Zwischen deinen Wurzeln und dem Bach liegt ein Schatz in einer Kiste vergraben, sodass du das Wasser nicht erreichst. Deshalb wächst du nicht so recht. Wenn einmal einer kommt, so bitte ihn, die Truhe auszugraben, dann kannst du trinken und wachsen wie die andern auch.«

Da bat der Baum inständig: »Grab ihn aus! Grab den Schatz aus!«

Aber der Pechvogel antwortete gleich: »Ich habe keine Zeit, ich muss mich beeilen. Mein Glück, hat sie gesagt, liegt auf meinem Weg. Deshalb muss ich rasch weiter, sonst erwisch ich's nicht.«

Er rannte durch den Wald davon, eine lange Zeit. Als es nicht mehr Tag und noch nicht Nacht war, erreichte der Wanderer endlich den Waldrand und konnte schon die ersten Felder durch die Bäume sehen. Da stellte sich ihm der Wolf entgegen. Er war immer noch dünn wie sein eigener Schatten, aber seine Zähne waren scharf und seine Augen leuchteten. »Was hat sie gesagt?«, fragte er ohne Umschweife.

»Nun, für dich hat sie mir eine seltsame Nachricht aufgegeben, aber ich habe sie mir gut eingeprägt. Ich soll dir sagen: Wenn er so weit kommt, kannst du ihn als Abendessen haben.«

(Volksmärchen, das in vielen Ländern erzählt wird,
nach Tirol versetzt von Frau Wolle)

Was ist das Kostbarste?

GLEICH GERN HATTE der König seine drei Töchter, doch nur eine von ihnen konnte Königin werden. Welche von den dreien sollte er dazu bestimmen?

Eines Tages dachte er sich eine Prüfung aus. Sein Geburtstag stand vor der Türe, und er ließ die Töchter zu sich kommen. Dann sagte er zu ihnen: »Meine lieben Kinder, ich hab euch alle drei von Herzen gern. Lange hab ich nicht gewusst, welche von euch ich zur Erbin meines Thrones wählen soll. Nun aber bin ich mit mir eins geworden, euch eine Aufgabe zu geben. Bringt mir zu meinem Geburtsfest etwas, das eurer Meinung nach im Leben der Menschen höchst notwendig ist. Diejenige von euch, die mir das Beste und Wichtigste schenkt, soll nach meinem Tod Königin sein. Geht also und bedenkt euch wohl!«

Als der Geburtstag des alten Königs kam, brachte ihm die Älteste als Geschenk, geheimnisvoll umhüllt, das, was sie für besonders kostbar und notwendig hielt. Die Mittlere hielt es ebenso. Ob es Gold war, Silber oder Edelsteine, weiß ich nicht. Was hättest du wohl gewählt? Die Jüngste aber brachte einfach ein handgroßes verziertes Gefäß zu ihrem Vater. Als er hineinschaute, lag darin nichts als ein schlichtes Häufchen Salz. Wie der König das sah, wurde er über alle Maßen zornig wegen des so einfachen Geschenks. Er jagte seine jüngste Tochter aus dem Schloss und verbot ihr, sich jemals wieder unter seine Augen zu wagen.

Die verstoßene Königstochter zog nun tieftraurig ganz alleine in die unbekannte Welt hinaus. Sie war keine Prinzessin mehr und hatte nichts als ihren eigenen Verstand zum Trost. Nachdem sie eine gute Zeit durchs Land gewandert war, kam sie zu einem Wirtshaus. Dort herrschte eine kräftige Wirtin, die das Kochen von Grund auf verstand. Bei dieser ging die junge Frau nun in die Lehre. Weil sie so klug war und auch gerne arbeitete, brachte es die Königstochter bald so weit, dass sie ihre Lehrmeisterin in der Kochkunst um einiges übertraf.

Die Leute erzählten sich landauf, landab von der vortrefflichen Köchin, die in diesem Wirtshause sei. Jedermann, der des Weges kam und noch ein paar übrige Kreuzer in der Tasche klingeln hörte, kehrte ein, um sich einen Knödel oder gar einen Braten servieren zu lassen.

Nun reist ja nichts schneller um die Welt als das, was ein Mund dem anderen erzählt.

So erreichte der Ruf der Köchin schließlich auch die Ohren des Königs. Er beschloss, diese von allen gerühmte Frau als Hofköchin anzunehmen.

Da trug es sich zu, dass die älteste Königstochter Hochzeit halten wollte. So musste die neue Köchin das Hochzeitsmahl mit großem Aufwand und allem Drum und Dran zubereiten. Am Festtag wurde eine erlesene Speise nach der anderen aufgetragen, bis sich die Tische unter den Köstlichkeiten bogen. Alles war vortrefflich. Das Lob der Köchin ging von Mund zu Munde.

Endlich wurde auch die Lieblingsspeise des Königs serviert. Dieser nahm schnell seinen Löffel und kostete erwartungsvoll. Doch

was war das? Rot vor Zorn spuckte er aber den Bissen wieder aus und rief: »Das ist ja nicht gesalzen! Lasst sofort die Köchin vor mich kommen!«

Man lief schnell, um sie zu holen. Die junge Frau trat unerschrocken mit erhobenem Kopf in den Saal.

»Warum hast du meine Lieblingsspeise nicht gesalzen, du nachlässiges Mädl«, herrschte sie der König an.

Da antwortete die Köchin gelassen: »Fehlt dieser Speise denn etwas Wichtiges, dass Ihr so zürnen müsst? Habt Ihr nicht eure jüngste Tochter verstoßen, weil sie dachte, dass das Salz im Leben der Menschen höchst notwendig sei?«

Als der König diese Worte hörte, erkannte er seine Tochter. Den faden Geschmack der Speise noch auf der Zunge, bat er sie vor aller Ohren um Verzeihung. Er hieß sie an seiner Seite sitzen und nahm sie wieder als sein liebes Kind auf.

Jetzt wurde allen Gästen die ganze Geschichte von Anfang an erzählt. Danach wurde die Hochzeit erst recht lustig, und der König lebte noch viele Jahre lang bei seinen drei lieben Töchtern.

Wer aber später einmal Königin geworden ist, das kannst du selbst erraten.

(nach Zingerle aus Meran)

Eichhörnchen, Käfer und Maus

LANG, LANG IST'S her, da lebte ein reicher und mächtiger König, der nur eine einzige Tochter hatte. Diese war wunderschön, aber so ernst und traurig, dass sie in ihrem ganzen Leben noch nie gelacht hatte.

Weil der König gern einen Schwiegersohn als Nachfolger im Reich gehabt hätte, fragte er die Prinzessin eines Tages, ob sie nicht bald heiraten wolle.

»Warum nicht«, war ihre Antwort, »aber nur denjenigen, der mich lachen macht, damit ich hoffen kann, ein fröhliches Leben mit ihm zu verbringen. Alle Freier, die dies nicht können, sollen sterben.«

Dies sagte die Königstochter, weil sie im Grunde ihres Herzens gern allein geblieben wäre. Der König versuchte ihr die grausame Strafe auszureden. Aber sein Bemühen war umsonst, sodass ihm nichts anderes übrig blieb, als diese Bedingungen bekannt zu machen.

Kaum war das geschehen, strömten von nah und fern die Söhne der edelsten Ritter, Fürsten und Könige herbei, um die Hand der Königstochter samt dem Reich zu gewinnen. Jeder hoffte, die ernsthafte Jungfrau endlich zum Lachen zu bringen. Aber alle Mühe war vergebens. Je mehr erschienen, desto mehr ließen unter dem Beil des Scharfrichters ihr Leben.

Schließlich wurde es ganz still um die schöne traurige Prinzessin, denn keiner wollte mehr sein Leben aufs Spiel setzen.

Da hörte in einem fernen Winkel des Reichs endlich auch ein Bauer von der Verlautbarung des Königs. Er erzählte den Seinen beim Mittagessen davon. Alle lachten nach Herzenslust über die Torheit jener, die wegen einer schönen Jungfrau ihr Leben lassen mussten.

Nur Hansl, der Sohn des Bauern, lachte nicht. Der Bursche schien ein rechter Tölpel zu sein, der nicht einmal richtig reden gelernt hatte. Bei der Arbeit am Hof war der Jüngling kaum zu gebrauchen, weil er alles verkehrt machte. Als er nun von der schönen Königstochter hörte und von der Aufgabe, die sie stellte, wurde er nachdenklich und still. Schließlich ging ihm ein Licht auf: »Wenn ich es will, dann lachen die Leute ja jeden Tag über mich. Also sollte es mir ein Leichtes sein, diese Prüfung zu bestehen.«

Nach dem Essen fasste er sich ein Herz und sagte zum Vater: »Ich will versuchen, die Prinzessin aufzuheitern. Dann wird sie meine Frau.«

Der Bauer wollte ihm diesen Plan ausreden. So dumm der Bursche auch tat, er hatte ihn doch recht gern, weil der Bub sein einziges Kind war. Zwar gelang es ihm nicht, seinen Sohn umzustimmen, aber er verbot ihm kurzerhand, in die Fremde zu ziehen.

Doch den Hansl hatte die Liebe zur Königstochter schon so gepackt, dass er vor lauter Sehnsucht krank wurde. Als einige Zeit vergangen war und der Zustand des Sohnes immer schlimmer wurde, sagte der Vater zu ihm: »Wenn ich dich nicht ziehen lasse, so stirbst du mir noch. Deshalb kannst du gehen, wann du willst. Erobere die Prinzessin oder verliere deinen Kopf, denn zur Arbeit bist du ohnehin nicht mehr zu gebrauchen.«

Bei diesen Worten wurde Hansl auf der Stelle gesund und sprang freudig aus dem Bett. Er packte eine Jause ein, schnitt einen Stock

ab und machte sich noch am selben Tag auf, um der Prinzessin das Lachen zu bringen.

Sein Weg führte ihn durch einen großen, großen Wald. Da hörte der Wanderer auf einmal eine wunderschöne Musik. Der Jüngling schaute suchend herum, bis er endlich auf dem Wipfel eines Baumes ein Eichhörnchen erblickte, das auf einer Flöte spielte.

»Diesen seltsamen Musikanten nehm ich mit ins Schloss!«, beschloss der Hansl, wusste aber zuerst nicht, wie er das Tier fangen könnte. Nach langem Hin-und-her-Überlegen kletterte er ganz leise den Baum hinauf. Dort ergriff er das Eichhörnchen rasch beim Schweif, zog es mit sich herab und steckte es samt der Flöte in seinen Sack. Danach ging der Bursche fröhlich weiter seines Weges.

Immer, wenn ihm nun im dunklen Wald unheimlich wurde, ließ er den an einem Schnürlein angebundenen kleinen Gesellen aus dem Sack herausspazieren. Hansl teilte sein Brot mit dem Eichhörnchen, und dafür blies es ihm die herrlichsten Stücke auf seiner Flöte vor.

Schließlich kam der Wanderer aus dem Wald auf eine breite Straße. Da klang von ferne ein Hackbrett so schön, wie er es zu Hause noch nie gehört hatte. Der Jüngling wunderte sich, weil nirgendwo ein Mensch zu sehen war. Nach langem Herumschauen und Suchen fand der Bauernsohn endlich einen großen Käfer, der auf einem Brett herumhüpfte. Dadurch erklang die wunderschöne Melodie. Hansl fing sich auch den Käfer. Der kleine Musikant wurde vorsichtig samt Hackbrett in den Sack zum Eichhörnchen gesteckt.

Froh und munter setzte der Bursche seinen Weg fort. Er kam durch schöne Felder und Wiesen und hoffte, bald die Stadt zu erreichen. Als der Hansl so dahinschlenderte, da drang zum dritten Mal ein wunderbarer Ton an sein Ohr. So einen Klang hatte der Junge noch nie gehört. Neugierig blickte er sich nach allen Seiten um und entdeckte schließlich unter einem Baum eine Maus, die Maultrommel spielte.

Nun musste der Jüngling lange jagen. Doch irgendwann gelang es ihm, das Tier zu fangen, und die Maus musste samt ihrem Instrument zu den anderen beiden Genossen in den Sack hinein. Dort stritt sie sich mit dem Eichhörnchen um die letzten Brotkrumen.

Einige Zeit später kam der Bauernsohn endlich in die Königsstadt. Er fragte gleich nach dem König und dessen Tochter und klopfte dann mit aller Kraft an die Tore der Burg. Doch der Pförtner wollte ihn gar nicht hineinlassen. Aber Hansl hörte nicht auf zu lärmen und zu bitten, bis ihn der Torwächter meldete.

Als er mit seinem Sack in den Saal trat, wo ihn die Königstochter gemeinsam mit ihrem Vater und dem ganzen Hofstaat erwartete, wäre der Tollpatsch auf dem glatten Boden fast ausgerutscht. Trotzdem nahm er ohne alle Umschweife den Stock vom Rücken, knotete den Sack auf und ließ seine lieben Tierlein musizierend herausspazieren. Dazu sprang und tanzte er selber herum und schnitt allerhand Gesichter.

Dieser Kerl gebärdete sich so seltsam, wie es die Prinzessin noch nie gesehen hatte. Sie konnte nicht anders als einfach laut zu lachen. Ihre Stimme klang dabei hell wie Sonnenstrahlen, und ihr Gesicht wurde noch einmal so schön wie zuvor.

Darüber erschrak der König. Dieser Kerl sollte sein Schwiegersohn und Nachfolger werden? Niemals! Zornig ließ er den Jungen in den Kerker werfen. In ein paar Tagen sollte der Arme getötet werden. Nur die drei unschuldigen Tiere ließ man bei ihm.

Die Königstochter aber wurde von einer großen Liebe zum Hansl gepackt. Sie verlangte ihn und keinen anderen zum Gemahl. Bei einigem Unterricht, so meinte sie, würde er schon bald für den Hof taugen. Der König schlug ihr diese Bitte aber immer wieder ab. Ein Prinz, nicht ein gewöhnlicher Bauernbursche sollte sein Erbe sein! Da erkrankte die Prinzessin vor lauter Traurigkeit.

Eines Tages, als sie einsam klagend im Bett saß und an den lieben, lustigen Jüngling dachte, brachte ihr dessen Maus ein Zettelchen. Darauf stand die Frage, ob sie den Hansl denn liebe. Wenn nicht, so müsse er sterben, denn nur sie könne ihn retten.

Die Königstochter schrieb freudig auf die andere Seite des Zettelchens: »Ich liebe nur dich allein, ohne dich muss ich sterben« und band ihn der Maus um den Hals. Der Bauernsohn wurde bei dieser Nachricht überglücklich. Mit der Zuversicht eines Verliebten hoffte er doch noch auf ein gutes Ende.

Aber die Prinzessin wurde täglich schwächer, weil ihr der Vater ihren Herzenswunsch immer noch abschlug. Alle Ärzte gaben sie auf. Die ganze Stadt wurde traurig, denn die Menschen liebten sie sehr. Als nun eines Tages der Kerkermeister dem Hansl das Essen brachte, fragte der Gefangene, warum sein Wächter so ernst und in der Stadt draußen alles so ruhig sei.

»Ja, weißt du«, antwortete dieser, »die Tochter des Königs ist so krank, dass sie bald sterben wird.«

Da sprach der Hansl: »Sag dem König, dass ich ein Kraut weiß, durch das sie gewiss gesunden kann.«

Der Herrscher ließ den Burschen auf der Stelle kommen. Und siehe da: als die kranke Prinzessin ihn erblickte, ging es ihr gleich viel besser. Der König bemerkte dies wohl und erkannte endlich seinen Irrtum. Er willigte nun doch in die Bitte seines Kindes sein. Der Herrscher gab Hansl einen Lehrer, und nach wenigen Wochen wurde unter großem Jubel die Hochzeit der beiden gefeiert.

Nachdem sich Hansl an seine neue Rolle als Prinz gewöhnt hatte, beschlich ihn der Wunsch, seine Eltern wiederzusehen und ihnen ihre Schwiegertochter zu zeigen. Seine Frau war damit gleich einverstanden.

Rasch wurden die Vorbereitungen zur Reise getroffen. Von einer zahlreichen Dienerschaft begleitet, kam das junge Paar im Dorf der Eltern an und bezog im Wirtshaus Quartier. Der Jüngling zog gleich seine alte Bauernkleidung an, erklärte seiner Frau, was er zu tun gedenke, und bat sie, einstweilen im Wirtshaus zu warten. Dann eilte er dem heimatlichen Hof zu.

Die Eltern waren beim Anblick ihres Sohnes hocherfreut. Die beiden lachten in einem fort, als er ihnen erzählte, wie er in die Stadt gekommen war und dort durch seine Tierlein die Königstochter zum Lachen gebracht hatte.

Doch dann behauptete Hansl, die Höflinge hätten ihm die Braut und die Tiere mit viel Geld und schönen Worten abgeschwatzt. Das Geld, das gar so schwer gewesen war, hätte er dann für zwei Striezel einem Bäcker gegeben, damit er auf dem Weg nicht verhungere. Da schimpften die Eltern lauthals und nannten ihn einen großen Dummkopf.

Unterdessen – die Mutter schimpfte immer noch – kam die Königstochter vorgefahren. Sie erklärte den erstaunten Leuten, sie sei gekommen, um die Eltern jenes Burschen zu besuchen, der sie zum Lachen gebracht hatte. Sie wolle auch hier zu Mittag speisen und dem lustigen Jüngling wieder begegnen.

Da bat Hansl die Mutter inständig, die Speisen auftragen zu dürfen, um die verlorene Braut wiederzusehen. Die Mutter gestattete es ihm nur widerwillig. Als Hansl mit vollen Tellern zur Türschwelle kam, stolperte er. Die Knödel sprangen vom Teller, rollten lustig auf dem Boden herum bis zu den Füßen der Königstochter. Da lachte diese hell auf. Hansl wollte die Knödel schnell wieder einsammeln, aber seine Mutter zerrte ihn fort. Damit er in Gegenwart so hoher Gäste keine Dummheiten mehr anstellen könnte, sperrte sie ihn kurzerhand in den Schweinestall.

Nach dem Essen schaute sich die Prinzessin den ganzen Hof an. Als sie in die Nähe der Ställe kam, hörte sie ein gar wildes Poltern. Erstaunt fragte sie, welches Tier denn solchen grässlichen Lärm mache. Das sei ein wildes Schwein, antwortete die Bäuerin rasch, das hinter Schloss und Riegel bleiben müsse. Da wurde die Königstochter neugierig und wollte das Wildschwein unbedingt anschauen, schließlich gäbe es so etwas am langweiligen Hof in der Stadt nie zu sehen. Also wurde die Tür geöffnet – heraus stürzte Hansl und rannte davon.

Auf Umwegen kehrte er zum Wirtshaus zurück. Dort zog er seine höfischen Gewänder wieder an. Dann fuhr er in der Kutsche vor das Haus seiner Eltern. Die Königstochter lief ihm strahlend entgegen und stellte den verdutzten Bauern ihren Gemahl vor.

Die guten Leute vergaßen vor lauter Verblüffung fast das Atmen. Das war ja ihr Hansl! Sollte er sie tatsächlich zum Narren gehalten haben?

Nun erzählte die Prinzessin, wie es wirklich zur Hochzeit gekommen war. Da verwandelte sich die Ungläubigkeit der Bauersleute in helle Freude. Die Mutter ging in die Küche und kochte noch einmal ordentlich auf. Dann wurde erst richtig gegessen, getrunken, gefeiert und gelacht!

(nach Zingerle mündlich aus dem Zillertal)

Der Königssohn und die geheimnisvolle Katze

EINST HERRSCHTE EIN weiser König über Land und Leute. Er regierte das Volk wie ein kluger, milder Vater. Mit den Jahren wurde der König älter und schwächer, bis er eines Tages merkte, dass die Krone für sein Haupt zu schwer geworden war. Deshalb wollte er sie nun an einen Nachfolger übergeben. Doch der Herrscher hatte drei Söhne, nicht nur einen.

Als die jüngeren beiden hörten, dass es der Älteste war, der bald König werden sollte, gingen sie gemeinsam zum Vater und sprachen: »Höre, unser Bruder ist nicht recht bei Verstand, gib lieber einem von uns deine Krone. Wir werden weiser herrschen, sodass wir deinem Namen Ehre machen.«

Der alte Vater sorgte sich. Er fürchtete Streit und Kampf zwischen den drei Söhnen. So beschloss er, sie auf eine Probe zu stellen, und sprach: »Geht alle in die Welt hinaus. Jeder von euch soll einen Becher mit nach Hause bringen. Wer von euch mit dem schönsten heimkehrt, der soll König werden. Die anderen beiden müssen ihm dann treu gehorchen!«

Mit frohen Herzen zogen die jüngeren Brüder gemeinsam zum

Schloss hinaus. Der Älteste aber grämte sich über das Misstrauen und den Neid der beiden anderen. Tief in dunkle Gedanken versunken, wanderte er ganz allein in den Wald. Da stand er mit einem Mal vor einem großen, prächtigen Schloss. Zwar glaubte der Prinz schon oft hier gewesen zu sein, diesen Palast hatte er aber nie zuvor gesehen. Tor und Türen standen weit offen, sodass der Jüngling einfach hineintrat und eine Stiege hinaufging. Nun schritt er weiter und weiter durch Gänge und Säle, über Treppen und Stufen. Alles war prachtvoll und aufs Beste geordnet, doch keine Menschenseele ließ sich blicken.

Erst als er in der obersten, hintersten Kammer angekommen war, begegnete ihm endlich ein Lebewesen. Es war eine schöne Katze. Sie saß auf ihren Hinterfüßen, schaute ihm aus unergründlichen Augen ins Gesicht und sprach mit sanfter Stimme: »Was wünschst du hier?«

Da schüttete der Prinz ihr einfach sein Herz aus, berichtete von den beiden jüngeren Brüdern, dem Vater, dem Becher, den er bringen sollte, und bat sie schließlich um Rat und Hilfe.

Die Katze nickte mit geschlossenen Augen. Dann lief sie davon. Schon nach wenigen Augenblicken kam sie zurück und legte einen Becher in die Hände des Jünglings, wie dieser noch keinen gesehen hatte. Er war aus purem leuchtenden Gold und glänzte, als ob die Sonne auf ihrem Weg über den Himmel innegehalten hätte und in die Kammer gefallen wäre. Wundersame Bilder, verziert mit funkelnden Edelsteinen, waren auf den Becher geprägt. Es gab Ritterfahrten, Hochzeiten und Jagdszenen zu sehen. Alles war so lebendig, dass der Prinz glaubte, die Pferde schnauben und die Menschen lachen zu hören. Es schien, als würde das Trinkgefäß ihm Geschichten erzählen. Doch als er sich bei der Katze bedanken wollte, war sie verschwunden.

Da drückte der Jüngling den Becher ans Herz und wanderte damit zurück nach Hause. Seine Brüder waren vor ihm angekommen. Als die beiden und der Vater den Becher des Ältesten sahen, gab es keinen Augenblick des Zweifels darüber, wer die Probe gewonnen hat.

Doch die Brüder ließen es nicht gut sein. Wieder bestürmten sie den Vater und flehten um eine zweite Probe, bis er endlich nachgab: »Wenn es sein muss, dann geht eben noch einmal hinaus. Wer das schönste und beste Schwert heimbringt, soll ohne Widerspruch der anderen von da an König sein.«

Zufrieden mit diesem Spruch wanderten die beiden jüngeren wie ein Herz und eine Seele in die Welt hinaus. Der älteste Sohn aber ging geradewegs zum Schloss im Wald zurück. Die schöne Katze kam ihm diesmal schon auf der Treppe entgegen. Sie fragte wieder nach seinem Wunsch.

»Liebe Katze«, entgegnete der Königssohn, »sei doch so gut und schenke mir ein Schwert; denn wenn ich ein schöneres heimbringe als meine Brüder, so werde ich König sein und sie müssen mir dienen.« Die Katze nickte freundlich mit dem grauen Kopf, sprang hurtig auf sanften Pfoten davon und kam bald mit einem großen, schönen Schwert zurück, das sie dem erstaunten Jüngling mit unergründlichem Blick um die Hüften gürtete.

»Kehrst du noch einmal zurück, so fasse mich nur fest an den beiden Hinterfüßen, trage mich in die Küche und schlage mich so lange an den Herd, bis du nichts mehr von mir siehst.« Mit diesen Worten verschwand die rätselhafte Schlossherrin. Der Prinz dachte auf dem Heimweg noch lange über ihre seltsamen Worte nach.

Wieder waren die Brüder vor ihm angekommen. Wie beim ersten Mal herrschte auch diesmal kein Zweifel darüber, wessen Schwert das schönste und schärfste war. Der König sprach dem Ältesten die Krone zu. Doch die beiden Jüngeren gaben noch immer keine Ruhe, bedrängten und bestürmten den Vater mit Worten und heißen Tränen, bis dieser einwilligte, ihnen noch eine letzte Aufgabe

zu stellen: »So geht zum dritten und letzten Mal in die Welt hinaus. Wer von euch die schönste Frau nach Hause bringt, der soll mit ihr an seiner Seite herrschen.«

Die beiden Brüder gingen in eine Richtung los, der älteste Prinz eilte ohne Umwege zum Schloss im Wald. Er hoffte von Herzen, dass ihm die Katze auch diesmal helfen würde. Auf dem Weg dachte er immerzu an das, was sie ihm beim letzten Mal aufgetragen hatte. Diesmal wartete die geheimnisvolle Schlossherrin schon unter dem Torbogen auf ihn.

Da nahm er allen Mut zusammen, packte die Katze wortlos an den Hinterbeinen und lief in die Küche. Dort schlug er sie mit aller Kraft auf den Herd. Wieder und wieder tat er das, bis er ganz erschöpft war und nichts mehr von ihr sehen konnte.

Da war ihm mit einem Mal, als löse sich eine Nebelwolke um ihn auf. Vor ihm stand eine Frau, so schön, wie er sie sich nicht schöner hätte träumen können. In seinen zitternden Händen hielt der Prinz den goldbestickten Saum ihres Gewandes. Erst nach einigen Atemzügen vermochte er etwas herauszubringen und fragte: »Willst du meine Braut und Königin sein und mit mir zu meinem Vater kommen?« Die erlöste junge Frau gab ihm mit strahlendem Lächeln die Hand und willigte ein.

Inzwischen waren die beiden Brüder mit ihren Bräuten schon beim Vater angekommen. Mit klopfenden Herzen erwarteten sie den Ältesten. Als dieser mit der schönen jungen Frau an seiner Seite den Saal betrat, neigten alle ehrfürchtig die Köpfe. Der König stieg vom Thron und übergab seine Krone dem Sohn. Dann wandte er sich an die Braut und legte einen blühenden Kranz auf ihr Haar. Von diesem Tag an gab es keinen Zweifel mehr darüber, wer König und wer Königin war.

(nach Zingerle aus Meran)

Von den drei Deserteuren

UNTER DEM SOLDATENLEBEN mussten einst ein Vater und sein Sohn recht leiden. Beiden wollte der enge Soldatenrock nicht recht behagen. Das eigene Bauernwams wäre ihnen viel lieber gewesen. Dennoch war der Vater durch seine Klugheit Offizier geworden.

Da ergab es sich, dass beide in einer kalten Winternacht Wache halten mussten. Drinnen in der Stube saß der Vater, draußen stampfte der Sohn in der Kälte auf und ab. Nach einer Weile blieb der junge Mann stehen und dachte nach. Dann ging er zum Vater hinein und sagte: »Sei doch Soldat, wer will, ich lauf davon!«

Da antwortete ihm dieser: »Wenn du davonläufst, dann mach ich's auch. Wenn's die jungen Burschen schon nicht mehr aushalten, dann wird es mir altem Kerl auch keiner übel nehmen.« Damit war's beschlossene Sache. Sie nahmen Säbel und Gewehr und ließen Wache Wache sein.

Nun streiften sie tagsüber in den Wäldern umher, schossen sich Wild, und wo sie etwas fanden, nahmen sie's. Abends stiegen sie auf Bäume, um nicht entdeckt zu werden.

Als sie so umherschweiften, begegnete ihnen eines Tages einer, den sie auch für einen Fahnenflüchtigen hielten. Vorsichtig fragten sie ihn, woher er komme. Der andere merkte ebenfalls, dass er es mit seinesgleichen zu tun hatte. So lachte er und gab ihnen zu verstehen, dass er früher auch nicht gerne Wache gehalten hatte. Er sagte, er komme aus Polen.

Sie gingen nun zu dritt weiter durch die Welt.

Eines Tages kamen sie zu einem gut gebauten Haus. Tore und Türen fanden sie offen. Küche und Keller waren aufs Beste bestellt, aber sie hörten und sahen keine Menschenseele im ganzen Haus. Das störte sie nicht. Im Gegenteil, sie waren froh, wenn nur keiner kam. Denn dann könnten sie vielleicht für immer dort bleiben. Und wirklich, es kam niemand, um Anspruch auf das Haus zu erheben.

Tags darauf gingen Vater und Sohn auf die Jagd. Der Pole blieb daheim, um achtzugeben, dass das Feuer nicht ausgehe. Während er sich sein Mittagessen herrichtete, kam ein recht schmutziger, alter Bettler daher. Es war ein kleiner Mann mit einem langen, schwarzen Bart. Er bat ganz kläglich, ob er sich auf den Herd setzen dürfe, weil ihm so kalt sei.

»Setz dich nur hinauf, Alter!«, brummte der Pole und arbeitete indessen dieses und jenes in der Küche weiter. Sobald aber der Alte merkte, dass der andere auf ihn nicht mehr achtgab, sprang er vom Herd, überfiel den armen Deserteur und zerkratzte und zerzauste ihn aufs Jämmerlichste. Dann war der Fremde im Nu wieder fort.

Abends kamen die beiden anderen nach Hause. Als sie ihren Kameraden so übel zugerichtet sahen, fragten sie ihn, was denn geschehen sei. Da log dieser: »Heut ist eine große Katze gekommen, die setzte sich auf den Herd. Als ich nicht aufpasste, sprang sie mir ins Gesicht, und was dann war, seht ihr schon selbst.« Vater und Sohn lachten und gingen ins Bett.

»Heut gehen wir zwei jagen, der Pole und ich«, sagte am anderen Tag der Sohn zum Vater. »Pass auf, dass dich die Katze in Ruhe lässt.«

Die zwei Jäger gingen fort. Der Vater besorgte zu Hause, was zu tun war. Gegen Mittag klopfte es an die Tür. Der Mann machte auf und draußen stand ein bärtiges Männlein. Es bat inständig um Einlass, weil ihm so kalt sei.

Dann ging es wie am vorigen Tag: Nach einer Viertelstunde war der Schelm fort. Der alte Soldat aber fluchte und wischte sich das Blut vom zerkratzten Gesicht. Am Abend aber gab auch er der Katze die Schuld, denn er schämte sich, dass er sich von dem alten Wicht hatte überlisten lassen.

Am dritten Tag blieb der Sohn zu Hause. Es dauerte nicht lange, da kam der schmutzige Bettler. Wieder bat er um die Erlaubnis, sich ans Feuer setzen zu dürfen.

»Von mir aus«, sagte der Junge mürrisch. Doch er dachte bei sich: »Aha! Dieser Kerl schaut noch tückischer drein als unser Korporal, wenn er sich einen neuen Prügelstock abgeschnitten hat. Vielleicht ist das die große Katze, die dem Vater und dem Polen so viel zu schaffen gemacht hat.«

So tat er, als ob er den Bettler gar nicht mehr sähe, gab aber doch gut auf ihn acht. Sobald sich der Alte unbemerkt glaubte, sprang er vom Herd. Doch der Junge packte ihn sogleich am Bart und schleppte ihn lachend unter das Dach hinauf. Dort band er ihn fest, indem er ihn mit Stricken beim Bart an einen Nagel hängte.

Beim Abendessen fragte der Vater ganz verwundert, ob die Katze denn nicht gekommen sei, während sie auf der Jagd gewesen sind. Da sagte der Sohn: »Eure Katze ist schon da gewesen. Geht nur und schaut, sie hängt oben unterm Dach.«

Da sprangen alle vom Tisch auf, den Übeltäter anzuschauen. Am Dachboden aber fanden sie nur den langen, schwarzen Bart des

Mannes mit dem Strick am Nagel hängen. Über den Boden bis hinunter über die Stiege zogen sich Blutspuren.

Wohin mag der Bettler geflohen sein?

Fort war er, wenn auch ohne Bart. Neugierig gingen sie der blutigen Spur nach. Sie kamen bis zu einem großen Stein. Dort endete sie. Da waren die drei sich sicher, der Alte müsste da hineingeschlüpft sein. Also wälzten sie den Stein weg und fanden tatsächlich ein großes Loch, das tief unter die Erde führte.

Nur allzu gerne hätten die drei gewusst, wie es da unten wohl aussähe.

Als der Sohn sagte, der Bettler dürfe ihnen nicht entkommen, stimmten die anderen beiden zu. Doch selbst wollte weder der Vater noch der Pole hinuntersteigen, denn der tückische Unbekannte war ihnen unheimlich. Der Sohn aber hatte sich ein Herz gefasst. Er lief ins Haus zurück, um Stricke und Seile zu holen.

Als er wieder da war, befahl er den anderen, sie sollten das Seil oben festhalten, während er selbst daran hinunterklettere. Sie sollten ihn erst dann wieder heraufholen, wenn er ihnen durch Ziehen am Strick ein Zeichen gäbe.

Der Vater und der Pole waren zufrieden, wenn sie nur nicht selbst hinunter mussten. So hielten sie aus Leibeskräften den Strick fest. Das Seil war schon fast zu Ende, da kam der unerschrockene Bursche unten an.

In der unteren Welt erwartete ihn eine schöne, liebliche Landschaft. Vor lauter Staunen vergaß der junge Mann ganz, dass oben seine Kameraden auf ihn warteten. Voll Freude ging er durch die sonnigen Felder. In der Ferne sah er drei Schlösser stehen. Da versprach der Jüngling sich selbst, ohne zu rasten bis dorthin zu wandern. Weil er immer auf die Schlösser schaute, hätte er fast einen Hirten mit seiner Herde am Weg übersehen. Es war der Bettler ohne Bart. Doch der Wanderer warf nur einen flüchtigen Blick auf den Kerl und eilte vorbei. Er lief immer rascher und schneller weiter, bis endlich das erste der Schlösser erreicht war.

Durch ein großes Tor trat er in den Hof. Von dort stieg er über eine glatte Marmorstiege hinauf. Das ganze Schloss schien wie ausgestorben. Nach langem Suchen trat ihm endlich ein lebendiges Wesen entgegen. Es war die Herrin des Palastes. Sie schien dem Wanderer die lieblichste junge Frau auf der ganzen weiten Welt zu sein. Erschrocken wandte die Schöne sich an den staunenden Gast. Sie riet ihm, so schnell als möglich davonzulaufen, denn sie würde von einem schrecklichen Ungeheuer bewacht, das Fremden gegenüber keine Gnade kenne.

»Aber wenn du bleibst«, fügte sie voller Hoffnung hinzu, »wenn du kämpfst und siegst, dann wirst du mein Befreier sein. Denn wisse, ich und meine Schwestern sind die Kinder eines reichen Königs. Wir drei wurden von einem bösen Schwarzkünstler in diese einsamen Schlösser gezaubert. Untiere bewachen uns. Ein gräulicher Drache, ein siebenköpfiger Adler und ein furchtbar wütender Hund. Sollte es dir gelingen, meinen grausigen Wächter, wenn er kommt, nicht durch das Tor zu lassen, dann kannst du ihn vielleicht besiegen.«

Das wollte der mutige junge Mann auf jeden Fall versuchen.

So schnell wie möglich verschlossen sie jetzt alle Türen und Tore. Nur einen Torflügel ließen die beiden offen. Kaum waren sie damit fertig, verdunkelte sich der Himmel und ein beißender Geruch machte sich breit. Der junge Held hielt sich mit einer gewaltigen Hacke im Schlosshof bereit. Durch den schmalen Einlass streckte ein ungeheuerer Drache einen Kopf herein. Er schnaubte Rauch und giftiges Feuer, als er merkte, dass er nicht eingelassen wurde. Aber das Tor war fest und der Jüngling flink. Ehe der Schlangenleib des Untiers zur Hälfte hereinkommen konnte, lagen schon alle seine sieben Köpfe auf dem Boden.

Wie durch einen Zauber wurde es nun im ganzen Schloss lebendig. Alle, die da waren, vom geringsten Diener bis zur Prinzessin, dankten ihrem Retter von ganzem Herzen. Die Königstochter aber war vor lauter Freude jetzt noch zehnmal schöner als vorher.

Der Deserteur wollte keine halben Sachen machen und beschloss, jetzt auch noch die anderen Königskinder zu befreien.

Die schöne Prinzessin bat den tapferen Burschen, sie über ihre Schwestern nicht zu vergessen, gab ihm zum Dank ein goldenes Krönlein und wünschte ihm alles Gute auf seinem Weiterweg.

»Bist doch ein rechtes Glückskind!«, dachte sich unser Held, als er das Schloss verließ.

Er beeilte sich, um recht bald zu den anderen beiden Prinzessinnen zu kommen. Und, was soll ich sagen, auch der siebenköpfige Adler und der wütende Hund mussten ihre Leben lassen.

Schon nach wenigen Stunden kam der junge Mann mit den lieblichen Königstöchtern wieder zum Schloss zurück. Die eine hatte ihm zum Zeichen des Dankes einen Ring und die andere eine Halskette aus hellem Gold gegeben.

Nun begann die freudige Reise nach Hause, zum Vater der drei Prinzessinnen. Dazu mussten sie zu der Stelle zurückkehren, wo der junge Retter sich von der oberen Welt herabgelassen hatte.

Sie kamen zum Seil, das von der Öffnung hinunterhing. Der Sohn zog am Strick und gab so dem Vater und dem Polen das vereinbarte Zeichen. Nun wurden zuerst die glücklich befreiten Königstöchter, eine nach der anderen, hinaufgezogen.

Schließlich kam die Reihe an den Befreier selbst. Eben wollte er das Seil ergreifen, als es zu seinem Schrecken herabfiel. Von der Öffnung oben glaubte er sogar, den Polen und den Vater lachen zu hören.

Da war guter Rat teuer. Der mutige Bursche war der Betrogene und wusste sich gar nicht zu helfen. Am meisten schmerzte ihn,

dass er nun ganz alleine war und seine liebe Prinzessin nicht mehr sehen konnte. Jetzt erst fiel ihm der Hirte ein, den er bei seiner Ankunft gesehen hatte. Da beschloss er, ihn zu suchen, um wenigstens mit einem reden zu können. Er fand den Alten auch und klagte ihm seine große Not.

»Schau«, sagte da der bartlose Bettler, »wenn du mir auch übel mitgespielt hast, will ich dir doch helfen, wenn du mir folgst. Ich beherrsche die Kunst mich zu verwandeln, in was ich will. Nun werde ich mich in einen großen Adler verwandeln, und dich hinauf in die obere Welt tragen. Aber der Flug ist ungeheuer anstrengend. Deshalb musst du geschwind ein Lamm schlachten und es in drei Teile zerteilen. Jedes Mal, wenn ich als Adler schreien werde, musst du mir schnell ein Stück Fleisch geben, sonst fallen wir herab und sind beide tot.«

Was der Alte versprach, erfüllte er auch. Der Adler hielt mit seinen Klauen den Jüngling, dieser aber trug das geschlachtete Schaf. Dreimal schrie der riesige Vogel auf dem Flug nach Futter und fraß das geteilte Lamm. Doch sie waren noch nicht ganz oben angelangt, da rief er ein viertes Mal. Das Fleisch war verzehrt. Was nun?

Kurz entschlossen schnitt sich der Bursche ein Stück von seiner eigenen Wade herunter. Das gab er dem Adler zu fressen, denn anders wusste er sich nicht mehr zu helfen. Einige Augenblicke noch, und sie waren oben angekommen.

Da verwandelte sich der Adler wieder in den alten Mann. Er dankte dem abtrünnigen jungen Soldaten herzlich für seine Befreiung. »Auch ich bin verzaubert worden. Jenes Haus, in das du, dein Vater und euer Gefährte zuerst gekommen seid, gehörte mir. Nun übergebe ich es dir, denn du hast mich erlöst, weil du mir ein Stück von dir selbst zu fressen gegeben hast. Zum Dank will ich dich zu einer Quelle führen, die deine Wunde an der Wade heilen wird. Dann kannst du deinen Weg weitergehen.«

So geschah es. Nachdem der alte Mann ihm den Heilbrunnen gezeigt hatte, verschwand er auf Nimmerwiedersehen.

Der erste Gedanke, den der junge Deserteur nun hatte, war, in die Stadt jenes Königs zu gehen, dessen Töchter er befreit hatte, sei sie auch, wo sie wolle.

»Die anderen haben mich betrogen«, dachte er, »vielleicht betrügt mich mein Glück nicht«.

Und richtig, das Glück schien ihn zu begleiten. Schon nach wenigen Tagen kam er in die Königsstadt. Dort herrschte eitel Wonne und alle, vom Größten bis zum Kleinsten, ließen ihrer Freude freien Lauf. Als er einen fragte »Warum so lustig, Bruder?«, erhielt er die Antwort: »Ja, weil die Königstöchter wieder da sind und bald Hochzeit feiern werden.«

Dass die Prinzessinnen da waren, war unserem Wanderer freilich lieb und recht, aber die Sache mit der Hochzeit ging ihm gar zu schnell. Doch richtig packte ihn erst der Zorn, als er erfuhr, seine Gefährten, der Vater und der Pole, hätten sich als Befreier der Prinzessinnen ausgegeben. Was ihn noch auf Gerechtigkeit hoffen ließ, waren seine drei Andenken: das Krönlein, der Ring und die Halskette.

»Bei dieser Hochzeit habe ich auch etwas dreinzureden«, sagte er zu sich selbst. So wanderte er durch die Stadt und schaute sich gründlich um.

Da sah er einen Mann in einer offenen Werkstätte sitzen, der feilte an einem goldenen Ding. Der Jüngling ging hin und fragte: »Was feilt Ihr denn da? Ihr schaut euch ja völlig die Augen aus dem Leib!«

»Das braucht es auch«, antwortete der Goldschmied, ohne aufzusehen, »wenn die Prinzessin eine schöne Krone bekommen soll und ich eine schöne Belohnung.«

»Ei willkommen, Meister«, lachte nun der Wanderer, »ich bin ein

Goldschmiedgeselle, wollt ihr mich nicht in Dienst nehmen? Ich glaube, ihr werdet mit mir zufrieden sein.«

Der Meister willigte gleich ein. Der neue Goldschmiedgeselle verlangte eine Kammer für sich allein, damit er ungestört arbeiten könne. Er schloss sich nun eine ganze Woche lang ein und ließ sich kaum blicken. Dann gab er sein Krönlein dem Meister. Der Goldschmied war ganz erstaunt über das kunstvolle Stück. Er hatte nichts Eiligeres zu tun, als diese ausgezeichnete Arbeit sogleich dem König zu zeigen.

Als der König und die Prinzessinnen das herrliche Krönlein sahen, schrie die Jüngste laut auf. Auch die beiden Älteren sahen einander freudig an, denn sie wussten wohl, wer dieses Krönlein einst getragen hatte. Nun waren sie voll froher Hoffnung, ihren wahren Befreier wiederzufinden.

Gleich musste der Goldschmied erzählen, wie er zu dem Krönlein gekommen war. Als er nun vom fremden Gesellen sprach, da drängten alle, ihn schnell holen zu lassen. Jedoch schien die Eile vergeblich. Er war fort. Als ein zweiter Goldschmied mit dem goldenen Brautring für die mittlere Königstochter zum Hof kam, war das Erstaunen noch größer.

Woher er den Ring habe, wollten der König und die Prinzessinnen wissen. Doch alles Nachforschen war umsonst, der fremde Geselle war schon wieder fort.

Inzwischen war es in der ganzen Stadt laut geworden, die vermeintlichen Befreier der Prinzessinnen seien böse Betrüger. Es hieß, der eigentliche Held sei angekommen und halte sich in der Stadt versteckt auf.

Indes begab sich unser junger Wanderer bereits beim dritten Meister als Geselle in den Dienst. Er versprach, eine goldene Halskette zu machen, wie sie noch keiner je gesehen hätte, wenn er nur allein und ungestört in seiner Kammer werken könne.

Der neue Meister aber hatte schon das Gerücht vom geheimnisvollen Befreier gehört und war wachsam geworden. Sobald er merkte, dass der Geselle sich nur so stellte, als ob er arbeite, ging er in den Königspalast. Er sagte, er sei gewiss, den Vogel gefangen zu haben.

Gleich wurde zum Goldarbeiter geschickt. Die königlichen Boten überraschten den lang gesuchten Künstler, wie er eben lächelnd die Halskette betrachtete. Sie führten ihn voll Freude zu dem König und seinen Töchtern.

Da gab es ein fröhliches Wiedersehen zwischen den Prinzessinnen und ihrem wahren Befreier. Die Freude und der Jubel wollten kein Ende nehmen, als der Glückliche die jüngste Königstochter bei der Hand nahm und sie zum Hochzeitstanz führte.

Dem Vater und dem Polen aber vergingen die lustigen Tage. Sie wurden ins einsame Waldhaus verbannt zur Strafe für ihren Betrug.

(nach Zingerle mündlich in Hall und zu Fließ im Oberinntal)

Der Stinkkäfer

HANSL HIESS EINMAL ein Bub, der hatte eine böse Stiefmutter. Sie war ihm so feindlich gesonnen, dass er ihr nichts recht machen konnte. Jeden Tag wurde er geschimpft und geschlagen.

Einmal gab sie dem Buben einen großen Korb und sprach: »Geh gleich in den Wald hinaus und suche Moosbeeren. Bringst du den Korb nicht voll zurück, so sollst du Schläge bekommen, dass dir die Rippen krachen, du kleiner Darm.« So redete sie mit ihm.

Der arme Bursche nahm den Korb und lief in den grünen Wald hinaus. Tränen stiegen ihm in die Augen, denn er sah wohl, dass – auch wenn er zehn Hände hätte – er nie und nimmer so viele Moosbeeren brocken könnte. Die Beeren sind gar klein, und der Korb war viel zu groß. Er fürchtete sich vor den angedrohten Schlägen sehr. Im Wald hockte er vor den Sträuchern und pflückte nach Leibeskräften. Allein er sah nur immer deutlicher, dass er den Korb nicht werde voll machen können. Immer wenn er vor lauter Hunger selbst eine kleine Handvoll aß, waren es noch weniger, die er nach Hause tragen würde. Nach ein paar Stunden hatte er noch nicht einmal den Boden mit Beeren bedeckt.

Die Sonne brannte heiß, da fing der Hansl an müde zu werden.

Er legte sich ins weiche Moos und begann zu schlafen, dass es eine Lust war. Die Sonne wollte schon Abschied nehmen, als der Bub endlich seine Augen wieder aufschlug. Mit Schrecken sah er, dass es Abend war. Um wie viel größer war aber sein Entsetzen, als ein winziges graubärtiges Männlein in grünem Gewand vor ihm stand. Der Zwerg hatte kleine stechende Augen, mit denen er das Kind unverwandt anstarrte. Als der Wicht den Buben so erschrocken sah, redete er ihn aber freundlich an und fragte, was er hier mache.

»Ja, ich muss Moosbeeren pflücken, den ganzen Korb voll«, erwiderte der Hansl ganz verzagt, »und wenn er nicht voll wird, bekomme ich Schläge, denn die Mutter ist sehr streng mit mir.«

»Mach dir nichts draus, lass dich trösten«, sprach das Männlein. Dann fing der Alte an, wie der Wind Moosbeeren zu pflücken. Wie er es anstellte, konnte Hansl nicht sehen, aber Augenblicke später war der Korb schon voll.

Der Zwerg gab dem Buben noch ein Schächtelchen dazu, mit den Worten: »Du bist schon richtig, Bub. Bleib so, und es soll dir nichts Übles zustoßen. Nimm das Schächtelchen mit dir. Doch öffne es erst, wenn die Not am größten ist und du sonst keinen Ausweg mehr siehst, dann wird dir geholfen werden.«

Der Hansl versprach es dem Alten, griff freudig nach dem Schächtelchen und dankte dafür. Kaum war das geschehen, so war das Waldmännlein auch schon verschwunden. Der arme Bub steckte das Schächtelchen behutsam ein, nahm den vollen Korb auf den Rücken und wanderte nach Hause. Er war froher als je zuvor, denn er hatte ja jetzt einen Helfer gegen die größte Not in seiner Tasche.

Als er heimkam, stand seine böse Stiefmutter schon auf der Türschwelle. Sie wollte ihn mit Schimpf und Schlägen empfangen. Wie sie aber den vollen Korb sah, bekam sie etwas Achtung vor dem Buben und machte ein süßes Gesicht.

Von diesem Tage an quälte sie das Kind nicht mehr so sehr und sagte ihm manchmal auch freundliche Worte. Er hatte nun bessere Tage. In Wirklichkeit aber hasste sie Hansl noch genauso wie früher. Sie wartete nur auf eine günstige Gelegenheit, ihn loszuwerden.

Oft, wenn der Bub allein war, schaute er das Schächtelchen an, öffnete es aber nie, weil er der Worte des Waldmännleins gedachte.

So ging es eine lange Zeit.

Da kam einmal ein unbekannter Mann ins Dorf, der hatte ein wunderliches Pfeiflein. Wenn er darauf spielte, mussten ihm alle Kinder, die nicht gesegnet waren, nachlaufen. Damals war es nämlich so, und mancherorten ist es auch heute noch üblich, dass die Eltern den Kindern, wenn sie aus dem Haus gehen, einen Segen sagen oder ein Kreuzlein auf die Stirn malen, damit sie gut behütet sind. Zuzeiten aber gab es Streit oder die Eltern vergaßen drauf. Die böse Stiefmutter hatte den Hansl absichtlich nie gesegnet.

Wie er also das Pfeiflein hörte, schoss es ihm in die Füße, dass er mitlaufen musste. Der Mann ging flötenspielend durch das Dorf, und bald folgte ihm ein großer, großer Haufen ungesegneter Kinder. Niemand konnte sie mehr von dem geheimnisvollen Pfeifer befreien. Der Zug ging durch das Dorf dem Wald zu, wo ein kahler, grauer Berg aufragte. Als sie dort angekommen waren, tat der Mann einen lauten Pfiff, und der hohle Berg öffnete sich. Die armen Kinder mussten in den finsteren Schacht hinein, und hinter ihnen schloss sich polternd die Öffnung des Felsens.

Da hättest du die Kinder sehen sollen! Von aller Welt verlassen saßen sie im stockfinsteren Berggewölbe, wohin nie ein Sonnenstrahl kam, und wussten nicht, was mit ihnen geschehen würde. Sie weinten und jammerten, dass es ein steinernes Herz hätte rühren mögen; doch alles war umsonst. Nach einigen Stunden konnten sie im Dunkeln etwas besser sehen, doch die Höhlenwand war rundum kalt und ohne eine Öffnung.

So ging es drei Tage und drei Nächte, und Hansl weinte und klagte mit den Übrigen. Am vierten Tag fiel ihm endlich ein, dass er ja das Schächtelchen noch ungeöffnet bei sich hatte und dass es ihm jetzt vielleicht helfen könnte.

Gedacht, getan! Ganz vorsichtig nahm er das Geschenk des Zwerges aus seiner Hosentasche und öffnete es behutsam.

Aber er war unendlich enttäuscht, als er sah, was drinnen war: ein ganz gewöhnlicher Käfer – ein Stinkkäfer – kroch heraus.

Hans schluckte noch seine Tränen, da flog der Stinkkäfer summend und brummend auf und stieß bald da, bald dort surrend an. So schwirrte er längere Zeit herum, bis er auf dem Boden landete. Er wühlte die Erde auf und fand ein kleines, kleines Schlüsselchen, das er dem Buben brachte.

Dieser war darüber nicht wenig erstaunt. Er nahm das Schlüsselchen und tat den Käfer zurück in seine Schachtel. Dann tastete er alle Wände ab, um ein Schlüsselloch zu finden. Er hatte schon lange so herumgesucht, als er endlich ein kleinwinziges Schlösslein fand, in das der Schlüssel genau passte. Er steckte ihn hinein, drehte ihn herum, und es sprang eine bisher unsichtbare Tür auf.

Welche Freude hatten da die armen Kinder, als das goldene Tageslicht in den Berg fiel und sie einen Ausgang sahen. Über ihre eigenen Beine stolpernd, eilten sie dem Tor zu und ins Freie hinaus.

Da waren sie in einer ganz unbekannten Gegend. Die Landschaft war voller Schönheit und Anmut. Fette Wiesen lagen zwischen kühlen Wäldchen mit riesigen Eichen und Buchen. Zwischendurch rieselten und murmelten klare Bäche. Die schönsten bunten, duftenden Blumen wuchsen dort, und die prachtvollsten Schmetterlinge flatterten durch die Luft. Es war lau und angenehm – gerade nicht zu warm und nicht zu kalt. Die Kinder kannten nun kein Ende der Freude, und das eine lief dahin, das andere dorthin.

Hans ging allein auf einem Steig, der sich durch ein Wäldchen schlängelte, und dachte nach, was er nun in diesem schönen Land anfangen sollte. Er hatte wenig Lust, wieder nach Hause zurückzukehren.

Als er ein gutes Stück gegangen war, sah er plötzlich ein großes, prächtiges Schloss vor sich stehen. Türme und Zinnen ragten hoch über die riesigen Bäume in den Himmel. Rundherum lag ein herrlicher Garten mit grünen, stolzen Bäumen, leuchtenden Blumen und rauschenden Springbrunnen. Hans konnte sich lange nicht an all dieser Pracht und Herrlichkeit satt sehen.

Als er den Garten genug angeschaut hatte, dachte er sich: »Ich möchte wissen, wie es drinnen ist«.

Er suchte nun einen Eingang, aber vergebens, denn nirgends fand er eine Tür oder ein Gitter. Er ging noch einmal um das Schloss herum und wollte gar nicht begreifen, wie man ein Haus ohne Aus- und Eingang bauen konnte. Als er so dastand und schaute, hörte er plötzlich eine Stimme sagen: »Wenn du den Schlüssel findest, gehören dir Schloss und Hof.«

Da war der Junge nicht um einen Einfall verlegen. Er nahm sein Schächtelchen heraus. Der Käfer wurde freigelassen, und das kluge Tier flog und surrte herum, bis es sich auf dem Boden niederließ, die Erde aufgrub und dort einen großen goldenen Schlüssel zum Vorschein brachte.

Hans freute sich über alle Maßen. Er suchte nun am Schloss eine lange Zeit, bis er das Schlüsselloch fand. Da steckte er den Schlüssel hinein, drehte ihn herum, und im Nu war das Tor offen. Da hättest du dabei sein und all die Pracht und Herrlichkeit im Schloss sehen sollen! Es waren auf einmal auch viele Menschen dort, die jubelten und freuten sich, dass dem Hans Hören und Sehen verging.

Wie er so staunend dastand, kam ein alter König auf ihn zu. An der Seite des Mannes war eine wunderschöne Prinzessin, die lächelte den Jungen an. Der alte König umarmte ihn und dankte ihm für seine Erlösung und die seiner Tochter und all seiner Leute. Dann fragte er die beiden – die Prinzessin und den Hans –, ob sie heiraten wollten. Die zwei sagten ja, ohne sich lange zu besinnen. Noch am selben Tag wurde Hochzeit gehalten.

Wo aber ist der Stinkkäfer derweil geblieben?

Dieser, ich will es dir sagen, war kein anderer als der König selbst, der von einer bösen Zauberin verwunschen gewesen war.

(nach Zingerle mündlich aus Absam)

Purzinigele

BROT ASS DER Graf jeden Tag, Wildbret und Wein obendrein, denn er war sehr reich. Das Land gehörte ihm, so weit sein Auge reichte. Seinen Besitz und sein Glück teilte mit ihm eine gute Frau, die schön war wie die helle Sonne und so liebevoll wie der sanfte Mond.

Schon einige Monate waren die beiden glücklich miteinander. Da ging der Graf einmal auf die Jagd. Dabei geriet er ganz allein immer tiefer in den Wald hinein, bis er in eine fremde Gegend kam. Plötzlich stand ein kleiner Mann vor ihm. Er war nur drei Schuh lang, doch sein Bart reichte ihm bis auf die Knie. Zornig schrie der Kerl: »Was hast du hier zu suchen? Das ist mein Land. Dass du uneingeladen hierhergekommen bist, das sollst du mir büßen. Stirb jetzt gleich oder überlasse mir deine Frau!«

Der Graf erschrak über die zornigen Worte des Zwergs. Als er noch ein Kind gewesen war und die alte Kindsmagd ihm allerlei schaurige Geschichten erzählen musste, ging es in denen oft um das Waldmännlein – das auch Nörgele heißt –, um dessen Kraft und Bosheit. Nun war guter Rat teuer. Dem Grafen fiel nur ein, mit guten Worten zu bitten.

»Verzeih mir«, sprach er, »dass ich dein Gebiet betreten habe. Ich wusste nicht, wo ich war. Gewiss wird es nie mehr geschehen.«

Der kleine Kerl ließ sich nicht besänftigen: »Was ich gesagt habe, gilt. Entweder du lässt dein Leben oder dein Weib kommt zu mir.«

»Verlange, was du willst, ich gebe es dir«, sagte der Graf, »aber nicht meine Frau!«

Da schien sich das Männlein zu beruhigen und antwortete: »Wenn du so sehr an ihr hängst, so will ich euer beider Schicksal in die Hände deiner Frau legen. Ich lasse euch einen Monat Zeit. Wenn sie bis dahin imstande ist, meinen Namen zu erraten, sollt ihr frei sein – sonst wird aus deiner Frau die meine. Drei Mal drei Namen darf sie versuchen.«

Der Graf musste mit dieser kleinen Hoffnung zufrieden sein. Zusammen mit dem Waldmännlein wanderte er ernst und schweigend ein Stück zurück. Bei einer alten graubärtigen Tanne verabschiedete sich der Zwerg mit den Worten: »Das ist die Grenze meines Reichs. Bei dieser Tanne, die neunmal so alt ist wie die übrigen Bäume, werde ich deine Frau erwarten. Dreimal kann sie unter dreimal raten! Hältst du aber nicht dein Wort, so soll es dir schlecht ergehen.«

Der Graf ging langsam nach Hause, denn es war ihm schwer ums Herz. Am Tor lief ihm die Gräfin bereits entgegen. Sie merkte sogleich, dass ihr lieber Mann nicht heiter war wie sonst, sondern ein trauriges Gesicht machte. Auf die besorgte Frage, was ihm denn fehle, erzählte er müde, wie ihm das Nörgele begegnet sei und ihm das Leben oder die Gräfin habe nehmen wollen. Ernst berichtete er, unter welcher Bedingung er schließlich habe heimkehren dürfen. Als die Gräfin das hörte, wurde sie bleich. Tränen liefen ihr über die Wangen.

Von diesem Tag an waren Lust und Freude aus dem Schloss verschwunden. Still und traurig ging es dort jetzt zu.

Schnell verging die Zeit. Schließlich waren nur mehr drei Tage vom Monat übrig. Da machten sich Graf und Gräfin auf in den Wald. Die beiden wanderten, bis sie die alte graubärtige Tanne von ferne sahen. Jetzt blieb der Graf zurück. Seine Frau ging allein weiter. Eigentlich war es ein schöner Tag im Wald: Die Vögel sangen, die Eichhörnchen kletterten herum, die wilden Rosen blühten weiß und rot. Doch der Gräfin war so schwer ums Herz wie noch nie. Bei der Tanne wartete der Zwerg schon in grün-rotem Gewand. Er freute sich unbändig, denn die schöne Frau gefiel ihm sehr.

»Nun errate meinen Namen, Gräfin!«, rief er schnell. Da riet die Arme: »Tanne? Fichte? Föhre?«, denn sie dachte, weil er im Wald wohne, habe er gewiss den Namen eines Baumes. Das Nörgele jubelte so, dass es im ganzen Wald widerhallte. »Du hast es nicht erraten! Schau, ob du es morgen besser kannst als heute, sonst wirst du meine Frau.«

Niedergeschlagen drehte sich die Gräfin um und ging zurück zu ihrem lieben Mann. Der Zwerg aber lachte ihr schadenfroh nach. Der übrige Tag verging, obwohl es ein trauriger war, doch zu schnell. Bald kam der Abend. Es wurde eine düstere Nacht, in der die beiden weder Schlaf noch Trost in Träumen fanden.

Als morgens die Lerchen zu singen begannen, war das Paar schon auf den Beinen. In der Burgkapelle beteten sie zusammen. Dann wanderten die zwei abermals in den grünen Wald hinaus, bis die alte graubärtige Tanne zu sehen war. Wieder blieb der Graf zurück. Die Gräfin ging allein weiter. Bei dem hohen Baum kam gleich das Waldmännlein. Diesmal war es ganz in Blau und Rot gekleidet.

»Nun errate meinen Namen!«, rief es ungeduldig, denn diese Frau gefiel ihm gar zu gut. Da riet die Arme: »Hafer, Plenten, Türken«*, denn sie dachte, vielleicht habe er seinen Namen von einem Getreide.

»Du hast es nicht erraten«, jubelte der kleine Mann schadenfroh. »Morgen muss es besser gehen oder du gehörst mir.«

Die Gräfin kam mit nassen Augen zu ihrem Gemahl zurück und berichtete, wie schlecht es ihr abermals ergangen sei. Beide kehrten nun noch betrübter auf ihr Schloss heim. Rasch wurde es Abend. Es folgte eine zweite finstere, schlaflose Nacht.

Als es dämmerte, waren der Graf und die Gräfin schon auf den Füßen. Sie gingen abermals in die Burgkapelle, um dort inständig zu beten. Dann wanderten die beiden hinaus in den schönen, grünen Wald. Es war früher Morgen. Viele Vögel lagen noch schlafend in ihren Nestern. Nur die Bäche rieselten und murmelten. Die Morgenwinde flüsterten in den Baumzweigen, sonst war es still wie in einer Kirche.

Als das Paar die graubärtige Tanne von ferne sah, küsste der Graf seine schöne Gräfin. Tränen liefen ihm übers Gesicht, denn er dachte, dass er sie nie wieder sehen werde. Die Gräfin war aber heute gefasster. Ihr Herz schlug nicht so sehr wie die früheren Male. Also wanderte die Frau ein drittes Mal zur Tanne. Dort stand sie heute aber ganz mutterseelenallein. Das Nörgele zeigte sich nicht. So ging sie neugierig weiter bis zu einem Steig, wie sie noch keinen gesehen hatte. An beiden Seiten wuchsen wilde Rosensträucher und bildeten einen schönen Zaun.

Die Frau ging dem Weg nach und kam bald zu einem grünen Tal. Dort wuchsen die herrlichsten Blumen. An den Hügeln standen Reben neben Feigenbäumchen. Mitten im Feld aber war ein zierliches Häuschen. Es hatte kleine Fensterchen, die im Schein der Morgensonne glitzerten. Aus dem winzigen Kamin stieg Rauch auf. Von drinnen erklang ein Lied. Bei diesem Anblick vergaß die Gräfin ihren ganzen Kummer. Auf Zehenspitzen schlich sie zu einem Fenster, um zu sehen, ob das Haus im Innern auch so schön sei. Bald war sie nahe genug herangekommen, um in die Küche zu schauen.

Drinnen sott und brodelte es in mehreren Häfen und Töpfen. Am Herd aber stand das Waldmännlein und rührte bald da, bald dort um. Dabei sang es:

»Siede, mein Hafele, plapper, mein Kraut,
wie gut, dass die Gräfin nit weiß,
dass ich Purzinigele heiß.«

Die Frau am Fenster hatte nun genug gehört. Leise schlich sie wieder fort und eilte rasch zur Tanne zurück. Es dauerte nicht lange, da kam das Nörgele auch schon. Heute war der Kleine noch schöner in ein rotes, golddurchwirktes Gewand gekleidet.

»Nun rate zum letzten Mal«, rief der Wicht sogleich und machte dabei ein Gesicht, als hätte er sagen wollen: »Du Vogel, kommst mir nicht mehr aus der Schlinge.«

Die Gräfin fing nun an – »Pur« – und schaute ihm dabei genau ins Gesicht.

»Nicht getroffen! Nur noch zweimal darfst du raten!«, rief rasch der Zwerg.

»Ziege«, fuhr die Gräfin fort. Da überflog eine Röte das Gesicht des Nörgele.

»Rate schnell, noch einmal steht's dir frei.«

»Purzinigele!«, rief die Gräfin voller Freude aus.

Als das Nörgele seinen Namen gehört hatte, rollte es zornig seine glühenden Augen, ballte die Fäuste und stampfte laut auf. Das Purzinigele war so wütend, dass es auf und davon lief und seither nie mehr gesehen wurde.

Die befreite Gräfin eilte zum Grafen. Das war eine Freude, als die beiden sich wiederfanden! Die zwei kehrten nun heim in ihr Schloss. Dort lebten die beiden noch viele, viele Jahre als das glücklichste Paar, das man je gekannt hatte.

* Hafer, Buchweizen, Mais

Der Krämer

ALLE ZIMMER IM Wirtshaus waren schon besetzt. In der Schankstube und auf den Gängen schwärmte es wie in einem Bienenstock. Da kam auch noch ein Krämer in die Stadt und wollte Herberge finden. Als der Wirt seinen alten Stammgast sah, kam er in große Verlegenheit. Doch es gab keinen freien Fleck Boden mehr im ganzen Haus.

Er gestand dem alten Bekannten: »Heute ist alles so überfüllt, dass ich nicht weiß, wo ich Euch hintun soll. Es gibt keine Besenkammer mehr zum Übernachten. Das einzige Zimmer, das noch leer steht, ist das verwunschene, in dem es allen zu unheimlich ist.«

Der Händler aber war unbekümmert und obendrein hundemüde, so meinte er: »Ach was, verwunschen. Ich habe ein gutes Gewissen, mir ist nichts unheimlich. Wenn ich nur ein Bett habe und einmal auf dem Ohr liege, dann wecken mich weder Geister noch Gespenster!«

Dem Wirt fiel ein Stein vom Herzen. Höchst ungern hätte er den guten und häufigen Gast wieder auf die Straße geschickt. Also wurde dem Krämer ein Bett in der gruseligen Kammer bereitet. Der Gast saß noch eine Weile in der Schankstube. Er ließ sich einen köstlichen Wein aus dem Etschland schmecken und war guter Dinge. Doch schon bald nahm er das Licht und ging auf sein Zimmer. Dort legte er sich ins Bett und weil er so müde war, schlief er auf der Stelle knietief ein.

Der Reisende hatte noch keine zwei Stunden in süßem Schlaf geruht, da schreckte er plötzlich auf. Von der Tür her gab es seltsamen Lärm zu hören. Zwar war der Krämer unerschrocken und mutig, aber den Riegel hatte er doch vorgeschoben, ehe er zu Bett gegangen war. Wie war er also verwundert, als nun trotz der verriegelten Tür ein Fremder ins Zimmer trat! Es war ein altes Männchen mit struppigem Haar und einem langen grauen Bart. Es ging zur Wand hin und zog aus seiner Tasche einen Schlüssel hervor. Dort musste wohl ein verborgener Kasten sein, denn diesen schloss der ungebetene Besucher nun auf.

Doch was holte er da heraus? Pinsel, Schale, Messer, Seife. Das alles nahm das Männchen, rieb Seife ins Wasser und winkte dann dem Krämer, er solle kommen.

Den gruselte es nun doch ein bisschen. Aber er stieg dennoch aus dem Bett, zog sich die Hosen an und setzte sich auf den Sessel. Da nahm das Männchen die Schale, um des Krämers Bart einzuseifen. Danach rasierte der seltsame Geselle den Krämer mit dem Schermesser. Dieser versuchte nicht an das scharfe Messer an seiner Gurgel zu denken, sondern schaute nur immer wieder in die ruhigen Augen des stillen Barbiers.

So geschickt ging der Kerl zu Werk, dass am Ende kein einziges Härchen mehr im Gesicht des Händlers zu finden war. Nach getaner Arbeit packte das Männchen das Rasierzeug wieder zusammen. Dann blickte es den Krämer traurig an und wandte sich zum Gehen.

Dieser aber war ein gescheiter Mann. Er dachte sich: »Ich habe immer gehört, man solle Gleiches mit Gleichem vergelten.« Des-

halb bedeutete er nun dem Alten, er solle sich seinerseits auch auf den Sessel setzen. Das Männchen tat wie ihm geheißen. Nun packte der Krämer das Zeug wieder aus. Er seifte den langen Bart des Männchens gründlich ein und begann ihn ganz vorsichtig zu rasieren. Der unheimliche Besucher hatte einen Bart, der unter den Augen anfing und bis zur Brust hinunter wuchs. Als die struppigen grauen Haare nach und nach verschwanden, schienen auch die Augen des Männleins immer lichter zu werden und freundlicher zu schauen. Endlich waren keine Stoppeln mehr am Kinn und auf den Wangen des Grauhaarigen zu finden. Da packte der Händler das Barbierzeug genau so wie vorher zusammen und legte es auf den Tisch.

Das Männchen schien von Herzen froh zu sein. Es lächelte und nickte dem Krämer zu, als ob es danken wollte. Dann gab es dem Mann den Schlüssel zum Wandkasten. Daraufhin verschwand der Besucher durch die verriegelte Türe ebenso, wie er gekommen war.

Der Händler öffnete gleich den Kasten. Er fand einen unheimlich großen Schatz darin. Von dieser Nacht an war das geheimnisvolle Wirtshauszimmer nicht mehr verwunschen. Der Krämer aber wurde ein gar reicher Herr und ein großer Kaufmann, wie es lange Zeit keinen zweiten im ganzen Land gab.

(nach Zingerle aus Hall)

Der Fischer und die Königstochter

AN EINEM SEE, der von hohen Bergen umgeben war, lebte einmal ein Fischer, der hatte eine liebe Frau und Geld genug. Doch die beiden waren kinderlos, was ihnen sehr leid tat.

Eines Tages ging der Fischer hinaus ans Ufer des blaugrünen Sees, warf seine Angel aus und wartete. Bald biss ein so ungeheuer großer Fisch an, dass fast die Schnur abriss.

»Das ist einmal ein fetter Fang«, dachte sich der Fischer. Mit einem Ruck warf er das Seeungeheuer aufs Trockene. Da lag es nun, öffnete mit einem Mal sein Maul und fing an zu reden: »Du hältst heute dein Glück in den Händen. Wenn du tust, was ich dir sage, wird dein sehnlichster Wunsch in Erfüllung gehen. Gib mein Mittelstück deiner Frau zu essen, so wird sie drei Söhne gebären. Gib die Eingeweide deinem Pferd, dann wird es dir drei Fohlen bringen. Den Kopf gib deinem Hund, und er wird drei Junge bekommen. Nimm schließlich meinen Schwanz, vergrabe ihn im Garten in der Erde, dann werden drei Bäume aus dem Boden wachsen, grünen und blühen, dass es eine Lust ist. Mit diesen drei Bäumen werden deine Söhne, die Fohlen und Hunde aufwachsen und wie sie gedeihen. Neigt sich aber einer von ihnen, so droht einem deiner Söhne ein Unglück. Wenn er sich ganz senkt oder niederfällt, dann raubt der Tod eines deiner Kinder.«

So sprach der Fisch. Dann blieb er stumm wie jeder andere. Der Fischer aber war über seinen Fang und diese Kunde hocherfreut. Er nahm das Tier und trug es heim. Dort machte er es genau so, wie es der Fisch ihm aufgetragen hatte. Er legte ihn auf die Anrichte, nahm ein scharfes Messer und zerteilte den Fang. Das Mittelstück briet er für seine Frau. Den Kopf verschlang der Hund. Die Eingeweide gaben sie dem Pferd zu essen. Den Schwanz vergrub der Fischer im Garten.

Sie warteten. Und wirklich, alles ging nacheinander in Erfüllung. An der Stelle, wo der Schwanz vergraben lag, keimten bald drei Pflänzchen. Sie wuchsen immer höher und höher. Nach neun Wochen warf die Hündin drei schwarz und weiß gescheckte Junge. Die Frau schenkte ihrem Mann drei Söhne, als im Garten drei Bäumchen ihre zarten Zweige dem Licht entgegenstreckten. Die Letzte war die Stute, die nach elf Monaten drei Fohlen gebar.

Dann verstrichen die Jahre. Fischer und Fischerin, Söhne und Fohlen, Hunde und Bäume waren wohlgeraten und gesund. Der Segen des Himmels schien auf ihnen zu ruhen. So ging es lange, lange Zeit.

Als wieder einmal der Frühling ins Land zog, fiel es plötzlich dem ältesten der Söhne ein, fortzugehen und in die schöne, weite Welt zu wandern.

Die Fischersleute hatten dagegen nichts einzuwenden. Beide gaben ihm gute Wünsche und ihren Segen mit auf den Weg. Der Sohn nahm eines der drei Pferde und einen der Hunde mit sich und ritt davon.

Er war schon eine weite Strecke geritten, hatte manche Abenteuer bestanden und schon vieles von der Welt gesehen, als er tief, tief in einen wilden, pechfinsteren Wald hineingeriet. Dunkle Bäume hatten seltsame Gestalten. Kauz und Uhu glotzten mit ihren großen, roten Augen so fürchterlich von den Föhren auf den schönen Reiter herab, dass es ihm unheimlich wurde. Er fing an, sich in das Fischerhaus zurückzusehnen. Er gab dem Ross die Sporen, um schneller aus dem unheimlichen Wald zu kommen. Doch da wurde es immer dunkler, schwarze Wolken jagten wie losgelassene Hunde am Himmel hin und her. Blaue Blitze zeichneten ihr grelles Zickzack auf den dunklen Hintergrund. Bald rauschte der Regen in Strömen nieder. Dem Jüngling blieb nichts anderes übrig, als sich ein Obdach zu suchen.

Da sah er eine Hütte am Weg stehen, stieg von seinem Rappen, band ihn an den nächsten Baum und trat hinein. Dort wohnte aber zu seinem Unglück eine alte Zauberin, die nur mehr einen Zahn hatte, aber noch alle Kräfte. Als sie den schönen Reiter sah, ging sie ihm entgegen und verwandelte ihn in einen Stein. Dann trat sie vor die Hütte und verzauberte das Pferd, dass es leb- und regungslos dastand wie ein Felsblock. Auch den Hund ließ sie nicht aus.

An diesem Abend neigte sich vor dem Fischerhaus zum ersten Mal ein Baum und ließ wie in stiller Trauer seine Zweige niederhängen. Am anderen Morgen waren die Blätter gelb und fahl, und der Baum lag der Länge nach auf dem Boden hingestreckt.

Als die Fischersleute das Bäumchen in diesem Zustand sahen, dachten sie voll Trauer an die Worte des weissagenden Fisches. Sie glaubten, dass ihr Erstgeborener nun gestorben sei, und weinten vom Abend bis zum Morgen und wieder vom Morgen bis zum Abend.

Als aber der zweite Morgen hinter den Bergen aufstieg und der Nebel aus dem Tal wich, sattelte der zweite Sohn sein Pferd. Auch er empfing von seinen alten Eltern den Segen. Dann machte er sich auf den Weg, um den verlorenen Bruder zu suchen. Die Eltern schauten ihm noch lange, lange nach. Wie sie ihn so in der Ferne verschwinden sahen, wurde es ihnen schwer ums Herz, und sie befürchteten, auch diesen Sohn nicht wiederzusehen.

Der zweite Jüngling ritt so schnell durch Feld und Wiesen, dass das Pferd bald dampfte. Er wollte unbedingt seinen Bruder finden. Als die Sonne sank und ihre letzten goldenen Strahlen ins Tal sandte, kam er zu dem dunklen Wald.

Er besann sich nicht lange und lenkte sein Ross ins Dunkel hinein. Bald verfinsterte sich der Himmel. Nebel huschten wie Gespenster hin und wider. Ein entsetzlicher Sturm schien heranzuziehen. Der Reiter gab seinem Pferd die Sporen, denn er wollte ein Obdach vor dem Gewitter finden. Es dauerte nicht lange, da kam er zu einer Hütte. Dort schwang er sich vom Pferd und trat ein. Es war wieder das Haus der alten Zauberin. Sie verzauberte auch diesen jungen Mann und seine Tiere. Als die Sonne wieder aufging, standen da zwei steinerne Hunde, zwei Pferde aus Fels und zwei Brüder aus Stein.

Am Tag darauf gingen der Fischer und seine Frau frühmorgens in den Garten. Da hatte sich auch der zweite Baum über Nacht geneigt. Zu Mittag lag er auf dem Boden. Die Blätter waren dürr und rostgelb wie die Eichenblätter im Winter. Die Eltern wurden tieftraurig. Sie setzten sich neben dem Baum auf die Bank und weinten von Mittag bis Mitternacht und von Mitternacht bis wieder Mittag. Als der dritte Tag anbrach, waren ihre Augen noch nicht trocken.

Da sattelte der jüngste Sohn sein Pferd und wollte davonreiten, um seine beiden Brüder zu suchen. Die Eltern aber mochten ihn gar nicht ziehen lassen, denn sie fürchteten das gleiche Los auch für den dritten. Dann hätten sie kein einziges Kind und keinen Erben mehr gehabt. Doch der Junge gab nicht nach, bat und flehte, bis er ihren Segen erhielt und ziehen durfte.

Froh und mutig ritt er vom Haus seiner Eltern fort in die Welt. Irgendwann kam auch er zum Wald, in dem seine Brüder verzaubert standen. Er war guter Dinge, doch da trübte sich plötzlich der Himmel. Es wurde dunkel und dunkler. Endlich rauschte der Regen in Strömen herab. Der Fischersohn wäre lieber im Trocknen gewesen. Aber es kam ihm in diesem Wald so seltsam vor, dass ihm der Boden unter den Hufen seines Pferdes zu brennen schien. Als er das einfache Häuschen sah, in dem die Zauberin wohnte, wurde es ihm noch unheimlicher zu Mute. Trotz des Regens eilte er weiter geradewegs in die nächste Stadt.

Wie groß war aber sein Staunen, als er durchs Tor eingeritten war! Die Stadt, die von weitem so stolz und prächtig schien, war still und öde wie ein Grab. Die Paläste hatten ein düsteres Aussehen, denn sie waren allesamt mit schwarzen Tüchern behängt. Wie die Häuser sahen auch die Leute aus. Sie schlichen schwarz gekleidet wie Gespenster durch die weiten, traurigen Straßen und Gassen.

Der verwunderte Fischersohn dachte sich: »Ich will doch wissen, was das zu heißen hat.«

Endlich begegnete er einem Burschen, der durch die Gasse schlenderte. Der Reiter fragte ihn, warum die Häuser hier alle schwarz verhängt seien.

Der Bursche sah den Fremdling mit großen Augen an, denn er war sehr erstaunt, dass es noch jemanden gab, der nichts von dem Drachen oben auf dem Berg wusste. Als der Knabe sah, dass der Mann sich nicht bloß unwissend stellte, sondern es wirklich war, erzählte er die ganze Geschichte: Täglich müssten sie dem Drachen einen Menschen vorwerfen, um seinen Hunger zu stillen. Heute sei ein besonders trauriger Tag, weil das Los auf die schöne Königstochter gefallen sei.

»Da gibt es eine Gelegenheit, deinen Mut zu beweisen«, dachte der Fischersohn. Er ließ sich den Berg zeigen, wo der scheußliche Drache wohnte und seiner Beute harrte. Dann stieg der mutige Jüngling mit Schwert und Lanze den schmalen Felssteig hinauf. Er kam zu einer alten, grauen Kapelle, bei der der siebenköpfige Drache seine Beute zur Mittagszeit holte. Hier wartete er auf das Untier.

Als es Mittag läutete, wurde die schöne, traurige Königstochter in einem schwarzen Kleid herbeigeführt. Bei der Kapelle kniete sie nieder und betete. Große Tränen rollten über ihre feinen Wangen, denn das Sterben kam ihr sehr schwer vor.

Kaum aber hatte der siebenköpfige Drache sein Opfer entdeckt, so donnerte er auf die Prinzessin los und wollte sie verschlingen. Da schleuderte der Fischersohn seine Lanze mit aller Kraft auf das Untier, es sank blutend zu Boden und ringelte sich vor Schmerz zusammen. Der Jüngling aber war nicht faul, sondern lief zu dem Drachen hin. Mit dem Schwert versetzte er ihm den Todesstoß. Danach riss er aus jedem Rachen die Zunge heraus und nahm alle sieben zu sich. Die schöne Königstochter war nun befreit und weinte vor Freude. Sie fand nicht genug Worte, um ihrem Retter zu danken, und gab ihm ihren schwarzen Schleier zum Pfand. Darüber war er sehr glücklich.

Doch dann dachte der Fischersohn an seine Brüder. Er versprach der Prinzessin wiederzukommen und stieg den Berg hinunter.

Nun gab es aber in der Stadt zwei, die nachschauen wollten, wie es der Königstochter ergangen sei. Der Laternanzünder und der Nachtwächter waren es, die bald darauf aus reiner Neugierde zur Kapelle hinaufstiegen. Als sie dort angekommen waren, fanden sie die schöne Prinzessin lebend, den Drachen aber tot. Sie verabredeten sich untereinander. Dann zwangen sie die Gerettete mit Gewalt, ihnen zu schwören, dass sie vor dem König sagen werde, der Laternanzünder sei ihr Retter gewesen. Die Königstochter tat es, weil sie keinen anderen Ausweg sah. Dann führte sie der Laternanzünder in die Stadt zu ihrem Vater.

Der alte König konnte sich vor Freude nicht fassen, als er seine liebe Tochter noch am Leben sah, und fiel bald ihr und bald dem Laternanzünder um den Hals. Weil dieser die sieben Köpfe des Drachen mitgebracht hatte, glaubte der König, dass er der Drachentöter sei. Er wusste ihn nicht besser zu belohnen, als ihm die Hand seiner Tochter zu versprechen.

Doch die schöne Prinzessin hatte an diesem Bräutigam keine Freude, weil er nicht der Rechte war. Ihre roten Wangen wurden blass, ihre Augen verloren allen Glanz, und die Traurigkeit stand ihr ins Gesicht geschrieben. Der alte König fragte wohl oft, was ihr denn fehle. Aber sie schwieg und wagte kein Wort, denn der Schwur lag ihr schwer am Herzen und lähmte ihre Zunge. So verstrichen Wochen um Wochen, bis der Tag der Hochzeit kam. Der Laternanzünder sollte König werden.

Wo war aber inzwischen der Fischersohn geblieben?

Nun, er war in den Wald zurückgeritten, in dem die Zauberin wohnte, denn er ahnte, dass er dort seine Brüder finden könnte. Er ritt durch die düsteren Föhren, bis er zur Hütte kam. Als er vor der Hütte die steinernen Hunde und Pferde sah, die er das erste Mal in der Eile und im Gewitter übersehen hatte, dachte er sich: »Holla, da geht es nicht mit rechten Dingen zu.«

Er rief nun die graue, meeralte Zauberin heraus. Der mutige junge Mann drohte ihr mit dem Tod, wenn sie ihm die zwei Brüder nicht herausgeben würde.

Die schlaue Alte wollte lange von den Brüdern nichts wissen. Sie suchte allerlei Ausflüchte. Als sie aber sah, dass der Reiter das Schwert hob und wirklich Ernst machte, zog sie ein Fläschchen hervor und gab es dem Fischersohn.

»Wenn du deine Brüder wiederhaben willst, so besprenge mit diesem Wasser die Steine, die du hier siehst«, raunte die Alte und verschwand rasch in der Hütte.

Der junge Mann ließ sich das nicht zweimal sagen. Er schüttete den Inhalt der Flasche über alle Steine. Da war der Zauber gelöst. Die zwei Brüder standen samt Pferden und Hunden neben ihm und waren so lebendig wie zuvor. Sie umarmten und küssten ihren Bruder und Retter. Alle drei schwangen sich überglücklich auf ihre Pferde und ritten zu den lieben Eltern zurück. Du kannst dir sicher vorstellen, welche Freude diese hatten, als sie ihre drei Kinder lebend wiedersahen!

Nach einigen frohen Tagen daheim kam dem Jüngsten die schöne Königstochter in den Sinn. Er wollte zu Hause nicht mehr stillsitzen. Stattdessen sattelte der Jüngling flink sein Pferd, schwang sich darauf und ritt – sosehr ihn auch die Eltern baten, zu Hause zu bleiben – dem dunklen Wald und der Königsstadt zu. Auf dem Weg dorthin begegnete ihm diesmal nichts Missgünstiges. Gesund, froh und gerade noch rechtzeitig kam er in der stolzen Stadt an. Was für Augen machte er aber, als er durch die schönen Gassen ritt und alle Häuser mit roten Teppichen behängt sah! Die Leute waren überall guter Dinge, sangen, tanzten und lachten um die Wette.

Neugierig fragte er ein Mädchen, das Wasser holen wollte: »Mein Kind, sag, was haben diese Festlichkeiten denn zu bedeuten?«

»Ja, weißt du das denn nicht?«, entgegnete diese. »Die Königstochter hält heute Hochzeit mit dem Laternanzünder, der sie vom Tod errettet hat. Deshalb feiert die ganze Stadt, denn wir sind endlich vom Drachen befreit.«

»Holla, da hab ich wohl auch ein Wörtchen dreinzureden«, dachte sich der Fischersohn.

Er ritt schnurstracks zur Königsburg, sprang dort vom Pferd und eilte die silberne Stiege hinauf. So kam er direkt zum König, dem er die wahre Geschichte haarklein erzählte.

Da sprach dieser: »Du musst dem Laternanzünder gegenüber beweisen, dass du den siebenköpfigen Drachen getötet hast. Bist du dazu wahrhaft imstande, so wird meine Tochter deine Braut, und der falsche Retter kommt an den Galgen.«

Der Herrscher führte den Fischersohn in ein prächtiges Zimmer, das vor Gold und Silber glänzte. Dort warteten der stolze Bräutigam und die traurige Braut, die ihn verächtlich ansah und sich nach dem Fremdling sehnte. Als der alte König mit dem Fischersohn eintrat, strahlte die Prinzessin mit einem Mal heller als das Gold der Wände.

»Beweise«, sprach der König zum Laternanzünder, »dass du meine Tochter gerettet hast, denn dieser, der mir zur Seite steht, leugnet es.«

»Es wird wohl Zeugnis genug sein, dass die sieben Köpfe, die ich dem Drachen abgeschlagen habe, hier zu meinen Füßen liegen«, antwortete stolz der falsche Bräutigam.

Da ging der Fischersohn hin, riss den sieben Drachenköpfen die Mäuler auf und sagte: »Es liegen zwar die Köpfe hier, aber es fehlen die Zungen. Nun entscheidet selbst, Herr König, wer der rechte Drachentöter ist. Der die Zungen hat oder die Köpfe ohne Zungen.«

»Der die Zungen besitzt, hat das Untier erlegt und soll mein Sohn sein«, entschied der alte König.

Da zeigte der Fischersohn die Drachenzungen und den schwarzen Schleier der Prinzessin vor und wurde endlich als der wahre Drachentöter erkannt. Der Laternanzünder wurde wegen seines Betruges noch am nächsten Tag gehängt.

Der Königstochter aber fiel ein Stein vom Herzen. Noch in derselben Stunde gab sie ihrem wahren Retter das glückliche Jawort und einen langen Kuss.

Goldener

IM TIEFEN WALD, unter grünen Bäumen wanderte einmal mit hängendem Kopf ein sehr armer Junge. In seinen Augen standen Tränen. Da sah er plötzlich ein uraltes Weib. Ihre Haare waren grau wie der Baumbart, in ihrem Mund wackelte kein einziger Zahn mehr.

»Warum bist du so traurig, mein Kind?«, fragte das Mütterchen freundlich mit mitleidigem Blick. Der Bub fasste sich ein Herz und sagte: »Ja, das ist einfach erzählt. Mein Vater ist tot. Meine Mutter kann allein nicht für uns beide Brot verdienen, deswegen muss ich betteln gehen. Das tue ich aber nicht gern, weil die Leute mich oft für einen Faulpelz halten.«

Da schien das alte Mütterchen noch mehr Mitleid mit dem armen Jungen zu haben.

»Wenn es nur das ist, so soll dir bald geholfen sein. Komm mit mir.« Sie nahm den Buben mit sich und führte ihn tiefer in den Wald hinein.

Als die beiden noch nicht einmal eine halbe Stunde miteinander gegangen waren, kamen sie zu einem großen schönen Haus. Es war ganz aus schneeweißen Marmelsteinen gebaut. Das Mütterchen ging voraus hinein, der Junge folgte voller Freude. Er machte

Augen, als ob er aus dem Himmel gefallen wäre, denn ein so schönes Haus hatte er noch nie gesehen. Die beiden kamen in einen großen Saal. Da sprach die Alte: »Wenn du willst, kannst du hier bleiben. Du hast sonst nichts zu tun, als das Feuer unterm Kessel in der Küche nachzuschüren. Zwei Dinge musst du mir aber hoch und teuer versprechen. Du darfst nie in den kochenden Kessel hineinschauen oder das kleine Kästchen öffnen, das neben dem Herd an der Mauer ist. Befolgst du alles genau, so sollst du am Ende großen Lohn bekommen, denn nach einem Jahr wirst du mich wiedersehen.«

Der Junge war mit seinem Auftrag ganz zufrieden. Er versprach, alles fleißig zu befolgen. Das Mütterchen führte ihn in die Küche, zeigte ihm Kessel und Kästchen. Dann ging es fort.

Der Bub war nun allein im Schloss. Er lebte wie ein Graf, hatte Speis und Trank im Überfluss und in der Nacht ein weiches warmes Bett. Dafür versah der Feuerhüter seinen Dienst aber auch gewissenhaft. Das Feuer wurde geschürt, dass es eine Lust war. Es brannte und prasselte munter, im Kessel sott und brodelte es wie an einem Markttag.

So verging eine Woche nach der anderen. Ehe er sich's versah, war ein Jahr vorbeigezogen. Eines Tages stand das alte Mütterchen vor ihm.

»Du hast brav gedient«, sprach sie und gab dem Buben hundertundfünfzig Goldgulden. »Wenn du so weitermachst und fleißig bist, werde ich dir, wenn ich wiederkomme, noch einmal so viel geben.«

Kaum hatte sie das gesagt, verschwand sie wieder. Der Junge wusste nicht, wohin die Alte gegangen war.

Der Feuerhüter war über seinen Lohn so erfreut, dass er noch gewissenhafter als im ersten Jahr schürte. Leicht schien ihm der Dienst, fröhlich das Leben im Marmorhaus.

So verging ein Tag nach dem anderen. Ehe er's meinte, war ein Jahr vorüber. Das Mütterchen stand vor ihm.

Die Alte schien eine große Freude zu haben, denn sie sprach: »Du hast dich brav gehalten, mein Kind! Wenn du so weitermachst und fleißig bist, werde ich dir in Zukunft das Doppelte geben.«

Sie drückte ihm dann dreihundert Goldgulden in die Hand und verschwand.

Der Junge diente weiterhin im schönen Schloss. Er schürte, dass das Feuer lustig aufloderte und an ein Auslöschen gar nicht zu denken war. So verging ein drittes Jahr. Am letzten Tag kam das Mütterchen, sah alles wohlbestellt und sprach: »Du bist ein braver Junge. Nimm hier die sechshundert Goldgulden. Wenn du mir noch ein Jahr so treu und redlich dienst, werde ich dir noch zweimal so viel Geld geben.«

Mit diesen Worten verschwand die Alte. Der Feuerhüter war über die sechshundert Goldstücke hocherfreut und nahm sich vor, weiterhin recht treu und fleißig zu sein. Doch so sehr er sich auch bemühte, es kam ihm immer wieder der Gedanke in den Sinn, was wohl Geheimnisvolles im Kessel und im Kästchen versteckt sein mochte.

»Was ist schon dabei, wenn ich einmal hineinschaue?«, dachte der Junge sich oft, tat es aber dennoch nicht.

Aber eines Tages plagte ihn die Neugierde so sehr, dass er schließlich in den Kessel blickte.

Drinnen war es finster. Da tauchte der Jüngling einen Finger hinein. Als der Feuerhüter ihn wieder herauszog, war er ganz golden geworden. Was war nun zu tun? Der Unglückliche wusch ihn ab, rieb ihn ab, schabte ihn ab – doch alles war umsonst. Das glänzende Gold blieb haften. Da verband er den goldenen Finger mit einem kleinen Stückchen Stoff, weil ihm sonst nichts einfiel, um das Geschehene vor der Alten zu verbergen.

Weil es um das gegebene Versprechen nun schon geschehen war, öffnete der Neugierige nun auch noch das Kästchen neben dem Herd an der Mauer. Darin lag ein kleines Buch, in dem geschrieben stand: »Wer dieses Buch hat, kann verlangen, was er mag und will.«

Da nahm der Jüngling das Zauberbuch heraus und tat es in den Hosensack, denn er dachte: »Das kann ich gewiss gut gebrauchen.«

Kaum hatte er das Buch aber zu sich gesteckt, stand auch schon die Hausherrin vor ihm. Diesmal waren ihre Augen vor Zorn ganz feuerrot. Die Alte jagte den wortbrüchigen Diener aus der Küche und warf ihm den Kessel nach, gerade auf den Kopf. Davon wurden seine Haare so schön, dass es aussah, als seien sie aus purem Gold.

Der goldene Junge ging nun durch den Wald und wollte sich anderswo ein Zuhause suchen. Damit sein Haar nicht schmutzig würde, bedeckte Goldener es mit einer Baumrinde, die er fortan nie mehr abnahm. Er war schon lange gegangen, der Abend wurde dunkler, da kam der Wanderer endlich ins Freie. Dort sah er wunderschöne Gärten. In der Mitte stand ein stolzes Schloss. Es gehörte dem König, der darin mit seiner Tochter und vielen, vielen Dienern und Dienerinnen wohnte.

Der Jüngling ging auf das Schloss zu, um dort nach Arbeit zu fragen. Er gefiel dem Verwalter und wurde zum Schafehüten angestellt. Von nun an hütete er am nahen Hügel draußen die Schafe und Lämmer und war zufrieden mit dieser Arbeit. Da wurden die Tiere immer schöner, und nie ging eines davon verloren.

Als der Verwalter dies sah, lobte er den Fremden und machte ihn zum Gärtner. Der Jüngling arbeitete nun im Schlossgarten, pflegte die Pflanzen und Blumen und hatte seine Freude daran. Die schöne Königstochter kam oft zu Besuch. Sie freute sich, wenn alles so sorgfältig und achtsam bestellt war und die Blumen gut gediehen. Von Tag zu Tag war die Prinzessin dem Gärtner mehr geneigt, weil er so gut nach den Pflanzen sah und alles unter seinen Händen so wunderbar erblühte.

Als sie eines Tages wieder im Garten war, sah sie sein schönes goldenes Haar. Von da an gefiel ihr der Gärtner noch besser als zuvor. Sie konnte ihn gar nicht oft genug sehen.

Um dieselbe Zeit wollte der König sich einen Nachfolger und der Tochter einen Gemahl suchen, denn er war schon alt und des Herrschens müde. Der Vater überlegte lange. Doch er konnte keinen finden, der ihm und seiner Tochter gleichermaßen recht gewesen wäre. Der schönen Prinzessin wollte niemand gefallen, denn sie dachte immer an den goldlockigen Gärtner. Schließlich wurde der alte König des Suchens überdrüssig und sprach: »Wenn dir von den Vorgeschlagenen keiner gefällt, so nenne du mir einen, den du gerne haben möchtest.«

Die Königstochter besann sich nicht lange. Sie nannte den Gärtner mit den goldenen Haaren.

Da wurde der König so böse und zornig, dass er die Tochter nicht mehr als sein eigenes Kind anerkannte. Der Vater wollte sie aus dem Schloss jagen. Doch die Prinzessin bat und flehte so lange, bis sie bleiben durfte. Dafür musste sie aber fortan als Magd in der Küche die schwersten Dienste tun. Der König alterte nun zusehends, denn der Gram zehrte schwer an seinem Herzen.

Nicht lange Zeit darauf brach ein Krieg aus. Der Herrscher musste sich rüsten. Bald hatte er ein großes Heer beisammen, und er musterte es vor dem Schloss. Wie Goldener das sah, wollte er mit. Der junge Mann ging nun und bat um Erlaubnis, auch ausziehen zu dürfen.

Der König war recht böse, als er den Gärtner wiedersah, gewährte ihm aber doch die Bitte. »Für dich werd' ich schon ein Kräutlein finden«, dachte er sich. Auf seinen Befehl gaben sie dem armen Kerl ein Pferd, das nur drei Füße hatte, dazu ein Schwert, das um und um vom Rost zerfressen war. Die Krieger lachten ihn aus, aber der Jüngling machte ein ernstes Gesicht, als ob das alles so sein müsste.

Das Heer zog nun fort, der König ritt an der Spitze. Der Gärtner hinkte am Ende des Zuges auf seiner dreibeinigen Stute nach. So ging es eine Zeit lang, bis der Weg durch eine sumpfige Gegend führte. Das Heer ritt weiter, das dreifüßige Pferd des Goldener blieb aber im Moor stecken und konnte unmöglich vorwärtskommen.

Das Heer war noch nicht weit entfernt, da rückte der feindliche König heran. Es kam zur entscheidenden Schlacht.

Als der junge Mann im Sumpf das sah und den Lärm hörte, fiel ihm sein Zauberbuch ein. Er wünschte sich ein schnelles, starkes Pferd, ein schönes, scharfgeschliffenes Schwert und ein purpurrotes, mit Silber durchwirktes Gewand.

Kaum war der Wunsch getan, saß er auch schon auf einem mutigen Ross. In seinen Händen lag ein herrliches, scharfes Schwert und er selbst trug ein so prächtiges Purpurkleid, dass man es sich nicht schöner denken kann. Gleich feuerte der Jüngling das Pferd an. Im Nu brachte es ihn mitten hinein in die tobende Schlacht. Seine goldenen Locken flogen hoch auf. Schnell wie der Blitz sprengte er einmal dahin, einmal dorthin. Es dauerte nicht lange, so flohen die Feinde eilends in alle Winde.

Ein glänzender Sieg war errungen. Der König wusste nicht, ob er wache oder träume, ob der unbekannte Retter ein Mensch oder ein Engel sei. Als er so nachdachte, ritt Goldener an ihm vorüber. Der König befahl ihm zu warten, doch der Fremde hörte nicht darauf. Da schleuderte ihm der Herrscher sein Schwert nach, um

ihn zu kennzeichnen. Die Waffe traf den Reiter an der Ferse, die Klinge sprang ab, und ihre Spitze blieb im Fuß des jungen Mannes stecken. Der Reiter kümmerte sich aber nicht darum und sprengte davon in den Sumpf.

Dort zog der Held sein Gewand aus und setzte sich auf seinen alten, dreifüßigen Gaul. Im selben Augenblick waren das Pferd, das Schwert und der Purpurmantel verschwunden.

Der Gärtner saß wieder da wie vor der Schlacht. Heer und König ritten an ihm vorüber und verlachten ihn. Als alle vorbeigezogen waren, wollte auch der Jüngling nach Hause. Doch er kam erst zwei Tage nach der Ankunft des Königs im Schloss an. Die Wunde hatte sich inzwischen um vieles verschlimmert, und der Gärtner bat bei Hof um einen Arzt.

Als der König davon hörte, musste er hellauf lachen. Es kam ihm wunderlich vor, dass der junge Mann, der nur von ferne dem Kampf zusah, verwundet sein sollte. Aus Neugierde und um der Sache auf den Grund zu kommen, stieg er in die Stube des Gärtners hinab. Was für Augen aber machte der Herrscher, als er die Wunde sah und die Spitze des Schwertes, auf dem sein königlicher Name geschrieben stand, aus dem Fuß gezogen wurde!

Nun kam Goldeners ganze Geschichte ans Licht.

Da küsste der alte König den Verwundeten, ließ seine Tochter holen und hatte sie noch lieber als vorher. Der Held aber wurde gepflegt, als ob der junge Mann der Sohn des Königs wäre. Sobald die Wunde geheilt war, wurde Hochzeit gefeiert. Der König hatte an dem Paar die größte Freude. So lebten alle drei viele Jahre glücklich zusammen. Als der alte König gestorben war, wurde Goldener sein Nachfolger. Als solcher war er so mächtig, weise und klug, wie weder vor noch nach ihm einer zu sein das Glück hatte.

Die vier Tücher

»JETZT SEID IHR groß und stark«, sagte ein Vater zu seinen vier Söhnen, »und müsst euch auch einmal in der Welt umsehen. Vielleicht macht ihr euer Glück? Hier zu Hause hocken könnt ihr doch nicht immer.«

Darüber freuten die vier Jünglinge sich sehr. Schon lange war es ihr sehnlichster Wunsch, endlich in die Fremde zu gehen. Sie wollten nun am liebsten alle vier zugleich aufbrechen. Der Vater aber erklärte ihnen, dass er sie nicht alle auf einen Schlag gehen lassen würde. Es werde ein jeder an die Reihe kommen, sobald der andere zurückgekehrt sei. Damit waren die Brüder auch zufrieden.

Der Älteste sollte also wie im Leben der Erste sein und zuerst Stock und Reisebündel nehmen, um sich auf den Weg zu machen. Der Vater legte ihm einen weisen Spruch über die Welt ans Herz. Den packte der Älteste, der Michl hieß, sich fest ins Gedächtnis. Die Mutter gab ihm ein paar Münzen als Reisegeld. Die packte der Bursche tief in den Hosensack. Dann ging er, ein Lied pfeifend, aufs Geratewohl seiner Nase nach, weil er ja selbst nicht wusste, wohin er wollte.

Er war schon eine ziemliche Strecke gewandert, da begegnete

ihm ein kleines, graues Männlein. Es fragte ihn rundheraus, ob er nichts zu verkaufen hätte?

»Nein«, antwortete Michl, »ich versteh mich schlecht aufs Schachern.«

Nach diesen Worten wollte er weitergehen. »Nun, hab's doch nicht so eilig«, sagte das Männlein lachend, »vielleicht habe ich etwas, das dir zur rechten Zeit wohl zu Diensten sein könnte. Hat dir die Mutter nicht etwas Geld auf die Reise mitgegeben? Geh, kauf mir dieses Tuch ab!«

Michl wunderte sich, und es war ihm unheimlich, dass dieser wildfremde Winzling, den er noch nie zuvor gesehen hatte, vom Reisegeld der Mutter wusste. Doch er traute sich nicht zu widersprechen. Weil ihm so seltsam und gruselig zu Mute war, ging er auf das Angebot ein, ohne das Tuch auch nur einmal richtig anzuschauen. Sie tauschten Geld und Ware, dann ging Michl so schnell er konnte weiter.

So wanderte er zwei Tage seines Weges. Als aber der zweite Abend kam, wurde es kälter und ein Wetter zog auf. Weit und breit war keine Herberge zu sehen. Stattdessen lag ein großer, wilder Wald vor ihm.

»Wenn es doch nur ein Haus in der Nähe gäbe!«, dachte er sich. Während er so überlegte, war er unversehens immer näher an den Wald gewandert.

Erst als er schon unter den ersten hohen Bäumen stand, fiel ihm ein, dass er ja kein Geld mehr hatte. Jetzt lachte er sich selber aus. Ohne Geld weiterzugehen und an ein Abendessen zu denken, was für ein Unsinn! Missmutig setzte er sich hin und nahm zum ersten Mal das Tuch heraus. Er breitete es vor sich auf den moosigen Boden. Weil ihm nichts Besseres zu tun einfiel, schaute er es sich nun genauer an. Es war hellrot. An den Seiten gab es viele goldene und silberne Sterne.

Dem Michl gefiel's nicht schlecht, aber das Reisegeld im Sack hätte ihm doch noch besser gefallen. Er dachte seufzend: »Ach, hätt' ich nur so viele Taler, wie Sterne auf dem Tuch sind, das wär' mir lieber.«

Kaum hatte der Bursche das gesagt, da lagen auch schon klingende Münzen vor ihm. Michl hatte keine Ahnung, wie das zugegangen war.

Er sammelte die Taler in seine Taschen und merkte vor lauter Wundern gar nicht, dass es Nacht und immer dunkler und dunkler wurde. Als er es endlich gewahrte und fortgehen wollte, da sah er, dass ihn eine Schar Räuber umstellt hatte. Sie nahmen den armen Kerl mit und stießen ihn dabei so grob herum, dass ihm Sehen und Hören verging. Sie waren viele, Michl aber nur einer. Ob er wollte oder nicht, er musste in ihre Räuberhöhle mit. Dort fand er jetzt unverhofft eine ungemütliche Nachtherberge.

Am anderen Tag versammelten sich die rohen Räuber um ihn. Sie sagten, sie würden die Sache ganz kurz machen, wenn er ihnen das Tuch nicht gäbe. »Ganz kurz« klang in Michls Ohren ganz schlecht. Er war froh, wenigstens mit dem Leben davonzukommen. Also ließ er ihnen, was sie verlangten. Da brachten sie ihn aus der Höhle und aus dem Wald hinaus. Michl hatte nun keine Lust mehr weiterzugehen. Es zog ihn heimwärts. Also machte sich der Älteste ganz betrübt wieder auf den Rückweg.

Zu Hause erzählte er seinen Brüdern und Eltern, wie es ihm ergangen war. Die Burschen aber kannten kein Mitleid. Wer den Schaden hat, muss für den Spott nicht sorgen. Alle drei versicherten ihm, sie wollten es gewiss besser machen und sich ordentlich in Acht nehmen. Der Zweite bat den Vater gleich, nun auch ihn ziehen zu lassen. Da gab der Vater dem Hansl das Reisebündel und einen guten Rat mit auf den Weg und ließ ihn gehen. Wieder war es die Mutter, die ihm einige Münzen zusteckte.

Wohlgemut zog der Jüngling in die Welt hinaus. Wohlweislich ging er nicht auf demselben Weg wie sein Bruder, denn er wollte sich vor Wegelagerern hüten. Er dachte immerzu: »Wenn nur auch zu mir der graue Alte käme! Mit einem solchen Tuch, wie's mein Bruder hatte, wüsste ich schon was anzufangen!«

Es dauerte auch nicht lange, da sah er ein Männlein, so klein wie ein Zwerg, daherkommen. Die beiden redeten einander an, der Wicht bot ihm ein Tuch zum Kauf. Gern gab der Reisende sein Geld dem kleinen Schacherer.

Kaum war der Zwerg fort, setzte sich Hansl ins grüne Gras und breitete das Tuch vor sich auf. Es war ein blaues, mit großen runden Flecken und Flaschen bemaltes Tuch. Nun wünschte er sich Geld, so viel es nur gab auf der Welt. Aber es war umsonst. Das Tuch blieb leer. Er wünschte sich Taler und Dukaten, Silber und Gold ... Nichts geschah.

Da fing ihn sein Handel zu reuen an. Es tat ihm leid, dass er sein Reisegeld so schnell verspielt hatte. In seinem Zorn fing er an zu schimpfen, zu grollen und den Zwerg einen listigen Betrüger zu schmähen. Alle schlimmen Worte, die er kannte, schrie der Jüngling und ein paar erfand er noch neu dazu. Das tat er so lange und laut, dass seine Kehle davon ganz trocken wurde. Irgendwann wünschte er sich gegen das Kratzen im Hals ebenso lauthals eine Flasche Wein. Kaum hatte er das gesagt, stand sie auch schon auf dem Tuch. Und zwar mit einem Wein so alt und gut, wie er noch keinen gekostet hatte.

Da meinte Hans verblüfft, jetzt gehe es in einem. Er wünschte sich Speisen in Hülle und Fülle. Bald standen alle seine Lieblingsgerichte vor seiner Nase auf dem Tuch. Nun aß und trank der Bursche nach Herzenslust.

Als es Abend wurde, ging er in ein nahes Dorf und dort ins Gasthaus. Hans verlangte aber nur ein Bett. Für das Nachtmahl, so

dachte er, werde er schon selber sorgen. Der Wirt wunderte sich, dass sein Gast so mir nichts, dir nichts von der Straße ins Bett laufen wollte. Neugierig spähte er durchs Schlüsselloch ins Zimmer hinein. Nun musste er freilich sehen, wie gut Hans sich selbst verpflegte. Da wurde dem Wirt ganz schlecht vor Neid. Auch er hätte eine solche Küche wohl gebrauchen können.

Die ganze Nacht sann er darüber nach, wie er sich dieses Tuch verschaffen könnte. Am nächsten Tag ließ er den Gast nicht aus dem Haus. Er tat, als ob sie die ältesten und besten Freunde wären. So überredete der falsche Kerl Hansl, noch einige Zeit bei ihm zu bleiben. Inzwischen aber schickte er nach den Gerichtsdienern. Am selben Tag ließ er den ahnungslosen Jüngling festnehmen, indem er ihn beschuldigte, er habe die Zeche geprellt. So musste Hans die Nacht im kalten Kerker verbringen.

Nur im Tausch gegen sein teures Tuch kam er wieder frei.

Zornig und enttäuscht machte er sich auf den Heimweg. Zu Hause wurde er von seinem dritten Bruder Klaus ordentlich ausgelacht. Ihm selber sollte es gewiss besser ergehen als den anderen beiden, dachte Klaus bei sich. Mit diesem Vorsatz, einem guten Rat vom Vater und einigen Münzen von der Mutter machte auch er sich auf den Weg.

Nun ging er eine lange Zeit alleine seiner Nase nach. Er zweifelte schon daran, ob ihm die Brüder die Wahrheit gesagt hätten, als auch ihm das steinalte Männlein auf der Straße entgegenkam. Klaus, tief in Gedanken versunken, wäre beinahe über den kleinen Wicht gestolpert. Da schauten beide einander groß an. Der Jüngling war so erschrocken, dass er schon weglaufen wollte. Der Alte aber hielt ihn auf, lächelte und fragte, ob er etwas zu verschachern hätte.

Klaus meinte drauf: »Mein Vater hat mir einen guten Rat gegeben. Den kannst du gerne haben.«

Aber der fremde Wicht wollte lieber die Münzen der Mutter und bot dafür ein schwarzes Tuch. Klaus musste darüber nicht zweimal nachdenken. Er nahm das Tuch für wenige Münzen und ging rasch wieder. Bald war er weit genug, dass er das Männlein nicht mehr sah und auch vom Zwerg nicht mehr beobachtet werden konnte. Also legte er sein Tuch vor sich hin. Nun wünschte er sich Geld, aber umsonst. Dann Wein und Braten, doch das Tuch blieb schwarz und leer.

Da riss dem Klaus der Geduldsfaden. Er drehte und wendete das kohlrabenschwarze Tuch nach allen Seiten. Dabei sah er, dass es auch noch einen Riss hatte. Das machte ihn doppelt wütend. Aber weil er es nun einmal gekauft hatte, hielt er sich das Tuch vors Gesicht. Dabei lachte er sich abwechselnd selber aus und schimpfte mit sich.

Auf einmal sah er durch den Riss seinen Vater und die Brüder zu Hause arbeiten. Er hörte sogar, wie sie miteinander sprachen. Bald merkte er, dass er überall hinschauen konnte, wohin er nur wollte. »Das ist nicht übel!«, dachte er sich nun und freute sich über diese Entdeckung.

Nun wanderte Klaus weit und breit in der Welt herum. Einmal kam er in eine stolze, schöne Stadt. Der König dort lag mit einem Nachbarfürsten im Krieg. Als Klaus das hörte, kam ihm in den Sinn, dass er hier vielleicht angesehen und reich werden könnte. Er bot dem König seine Dienste an.

»Ich weiß alles, was euere Feinde im Sinn haben«, versprach er dem König. Darüber war dieser sehr froh und sicherte ihm eine große Belohnung zu, wenn er dieses Wissen in seinen Dienst stellen wollte. Wirklich siegte der König bald über seine Gegner, und seine Macht und sein Reichtum wuchsen. Doch dem, der ihm dazu verholfen hatte, vergalt er seine guten Dienste schlecht. Es war ihm nicht recht, dass dieser Bursche so viel wusste.

Eines Tages fand der König heraus, auf welche Weise Klaus zu seinem Wissen kam. Deshalb nahm er ihm das Tuch mit Gewalt weg, fertigte ihn mit schönen Worten ab und ließ ihn aus seinem Land werfen.

Das hatte Klaus nicht erwartet. Um die Sache nicht noch schlimmer zu machen, nahm er sich vor, geradewegs heimzugehen und dort wenigstens seinen jüngsten Bruder vom Reisen abzuhalten.

Doch kaum war er daheim angekommen und hatte seine ganze Geschichte erzählt, wollte der Jüngste auch schon fort. Er konnte es kaum erwarten. Der Mutter, die an diesem Kind am meisten hing, gefiel es gar nicht, dass er ging. Hatten die Älteren doch alle drei nur Geschichten mit schlechtem Ausgang heimgebracht, was würde dem Jüngsten wohl geschehen?

Aber dieser jüngste Sohn war auch der sturste. »Was meine Brüder können, das kann ich schon lange«, dachte er bei sich. Da es der Vater den anderen erlaubt hatte, musste er nun widerwillig auch diesen Sohn ziehen lassen. Doch er schärfte ihm ein, dass die Fremde nicht der Ort zum Wohlleben sei.

Dieser junge Wanderer dachte beim Gehen überhaupt nicht an das Männlein. Dennoch traf er es nach einigen Tagen auf seinem Weg. Nun gab auch der Jüngste sein Geld her. Dafür tauschte der Zwerg ein weißes Tuch. Wozu war das wohl gut?

Lange probierte der Bursche nun hin und her, wünschte sich mal dies, mal das, versuchte durchzuschauen oder wedelte damit unentschlossen in der Luft herum. Es dauerte eine ziemliche Zeit, ehe er das Geheimnis des Tuchs herausfand. In das feine Gewebe war ein Zauber gewirkt, der dem Glückspilz Unsichtbarkeit verlieh. Als er das erkannte, ging dem Jüngling gleich ein Licht auf.

Er wanderte geradewegs auf die Gegend zu, in der sein ältester Bruder unter die Räuber gefallen war. Die Schurken waren schnell gefunden, er schlich sich unsichtbar in ihre Höhle und nahm das hellrote Tuch seines Bruders mit. Auf der Weiterreise kam er zu dem Wirtshaus, in dem sein zweiter Bruder betrogen worden war. Da die Sonne ohnehin schon tief am Himmel stand, beschloss er dort zu übernachten. Ein wohlbeleibter Wirt stand vor der Tür und lud ihn ein. Der Jüngling machte es wie sein Bruder, verlangte nur ein Bett und weiter nichts. Der Wirt war sich sicher, wieder einen so guten Fang zu machen wie beim letzten Mal. Er brachte den Gast in das gleiche Zimmer. Dort lag das schöne blaue Tuch auf einem Tischchen verwahrt.

Alleingelassen, doch durchs Schlüsselloch beobachtet, packte der Wanderer das hellrote Tuch aus und wünschte sich lauter blanke Taler. Als der Wirt sah, was da vor sich ging, lief er in heller Aufregung, ohne lange nachzudenken zu den Gerichtsdienern. Doch als er zurückkam, war der Gast mit dem roten und auch dem blauen Tuch verschwunden.

»Jetzt wird mir auch der Herr König nicht entgehen«, sagte der Jüngste lachend zu sich selbst, als er der Königsstadt entgegenzog. Unter verschiedenen Vorwänden wusste er sich beim König Zugang zu verschaffen. Durch die Eigenheit seines Tuches war es ihm ein Leichtes, überall ungesehen aus und ein zu gehen, bis er auch das schwarze Tuch in den Händen hatte. Furchtlos stellte er sich nun vor den König und gestand ihm frei, was er getan hatte.

Der König, im höchsten Zorn über eine solche Kühnheit, wollte ihn sogleich festnehmen lassen; aber der Bursche antwortete ihm lachend: »Du sollst mich ganz gewiss nicht kriegen!« Augenblicklich war er aus aller Augen verschwunden.

Glücklich kehrte er zu Mutter und Vater heim, die nun viele glückliche Tage mit ihren Söhnen verlebten und die reichsten und zufriedensten Leute weit und breit im Land wurden.

(nach Zingerle mündlich aus dem Zillertal)

Die Müllerstochter

WILD WAR DES Müllers Töchterlein Maria, mutig und auch ein wenig frech. So mancher meinte, dass sie es wohl auch mit Männern aufgenommen hätte.

Wer so dachte, sollte Recht behalten.

Eines Tages war sie allein daheim. Sie musste das Haus hüten, während alle anderen in die entlegene Kirche gingen. Das Mädchen sperrte sich nun ein. Weil ihr aber das Alleinsein so fad vorkam, dachte sie sehnsüchtig an die Heimkehr der anderen.

Wie sie am Fenster saß und nach den Kirchgängern Ausschau hielt, sah sie von weitem drei Männer daherkommen. Die schauten irgendwie verdächtig aus. Die drei gingen geradewegs aufs Müllerhaus zu, als ob es sich so gehöre. Von außen besichtigten sie alles und jedes, vorne und hinten und kamen schließlich an die Haustür.

Draußen klopften die Fremden an die Tür. Drinnen klopfte das Herz der Müllerstochter. Der Maria gefiel die Sache nämlich gar nicht. Sie hatte Angst bekommen. Deswegen blieb sie mucksmäuschenstill und öffnete einfach nicht.

Aber da fiel ihr siedendheiß ein, dass auch aus dem Keller eine Hintertür auf die Straße führte. Darin war ein riesengroßes Guckloch, ein sogenanntes Lugloch, zum Hinausschauen. Das aber hatte kein Schloss. Gleich dachte Maria sich, die drei wilden Männer könnten dort ins Haus gelangen. So holte sie sich ein scharfes Hackbeil, schlich in den Keller, stellte sich hinter die Tür und wartete.

Sie war noch nicht lange auf der Lauer, als wirklich einer von den dreien das Schieberl des Luglochs auf die Seite schob und versuchte durch die Öffnung hereinzukriechen.

Maria war nicht faul. Sie schlug dem Einbrecher mit einem starken Streich den Kopf ab, sodass dieser weit davonkugelte. Damit die anderen beiden nichts merkten, packte sie den Rumpf und zog ihn zu sich herein.

Als die zwei anderen den Ersten so durch das Loch hineinverschwinden sahen, glaubten sie, es sei ihm glücklich gelungen, in den Keller zu steigen. So machte sich nun auch der Zweite daran, durch das Loch ins Haus zu schlüpfen, um am Ende sein Glück zu finden. Er steckte seinen Kopf hinein und verlor ihn an die Maria. Sie machte es mit ihm genauso wie mit dem Ersten.

Dann wollte der Dritte es versuchen. Doch war dieser Räuber zu vorsichtig oder Maria diesmal zu voreilig? – Ich weiß es nicht.

Kaum hatte der Mann seinen Kopf zum Loch hineingesteckt, schlug sie auch schon mit dem Beil zu. Er aber sah es kommen und zog sich zurück, sodass sie ihm nur eine kleine Wunde beibringen konnte. Rasch machte er sich davon.

Der Räuber wusste nun, wie es seinen Kameraden ergangen war. So schnell er konnte, eilte er mit blutigem Kopf zu seinen Kumpanen, den Räubern im Wald, zurück. Dort ließ er die Wunde heilen.

Maria aber blieb nach diesem Besuch nicht mehr lange allein. Bald war der Gottesdienst aus, die Kirchgänger kamen nach Hause. Freudig eilte sie ihnen mit klopfendem Herzen entgegen und erzählte ihren Leuten die ganze Geschichte. Alle waren beeindruckt und wunderten sich über die Geistesgegenwart und den Mut des Mädchens. Es gab viel Lob. Die zwei erschlagenen Räuber wurden dem Gericht ausgeliefert und unterm Galgen begraben.

Dann verging die Zeit. Die Felder wurden zweimal kahl und wieder grün, da kam eines Morgens ein gut aussehender Müllersgeselle in die Mühle. Er erkundigte sich, ob er hier in Dienst treten könne. Dem Meister gefiel der Bursche, so nahm er ihn als Gesellen an. Der neue Müller arbeitete fleißig. Bald hatte er sich das Vertrauen und die Zuneigung aller Bewohner der Mühle erworben. Sie verbargen nichts mehr vor ihm. Alle Geheimnisse und Geschichten der Mühle, somit auch die mutige Tat der Tochter, wurden ihm wenn nicht heute, dann morgen erzählt.

Maria selbst redete gelegentlich über jenen »Besuch«. Sie tat das einerseits mit etwas Stolz, andererseits mit einer gewissen Furcht, wenn sie auf den dritten Räuber zu sprechen kam.

»Den, der da entkommen ist, den fürchte ich heute noch«, gestand sie öfters. Der Geselle lächelte dann und schob zuweilen das rote Häubchen, das er nie von seinem Kopf nahm, etwas rundherum.

Er seinerseits erzählte oft, was er für ein reicher Müllersohn sei und wie viel Grund sein Vater besitze. Maria glaubte alles. Nach und nach schloss sie den Gesellen immer mehr ins Herz. Er wiederum behauptete auch, dass er die Tochter des Hauses recht lieb habe. Es dauerte nicht mehr lange, da hielt er beim Müller um ihre Hand an. Der Meister sagte dazu nicht nein.

Einige Tage vor der Hochzeit wollte der Geselle seine Braut mit zu sich nach Hause bringen. Ihre Eltern hatten nichts dagegen. Der Bursche machte sich mit Maria auf den Weg. Sie war voller Freude darüber, dass sie ihre künftige Heimat bald sehen sollte. Der Weg führte durch den tiefen, wilden Wald. Rankende Rosenhecken, riesige Farnblätter und altersgraue hohe Tannen mit moosbedeckten Wurzeln wuchsen da in der Wildnis. Nur Fuchs und Hase lebten dort. Sonst sahen sie nichts, keines Menschen Stimme oder Schritt drang mehr an ihre Ohren.

Wie sie so einsam durchs Dickicht wanderten, blieb der Bräutigam plötzlich stehen. Er starrte die junge Frau mit wildem, hasserfüllten Blick an, zog das rote Häubchen vom Kopf und fragte: »Kennst du dieses Zeichen?« Dabei deutete er auf eine Narbe an seinem Kopf. Sie glich haargenau jener, die Maria dem dritten Einbrecher dereinst beigebracht hatte.

»Jesus Maria!«, entfuhr es da der armen Müllerstochter, und ihr wurde heiß und kalt vor Schreck.

»Zwei meiner Kameraden hast du getötet. Und auch gegen mich hattest du schon das Beil erhoben. Dafür soll dein Tod auch nicht mehr lange auf dich warten müssen«, fuhr ihr Begleiter fort.

Maria flehte und weinte, aber es half alles nichts. Er schleppte und zerrte sie an den Haaren weiter, wie ein Tier, das zur Schlachtbank geführt wird. Bald kamen sie an ein Haus. Aus dem stürzten viele wilde Kerle heraus, hießen ihn freudig willkommen und fragten, ob *die* es sei? Er nickte. Da freuten sich alle, laut grölend und johlend, über den Fang. Sie führten das Paar in die Stube, in der ein großer Ofen stand.

Die einundzwanzig Räuber hatten eine alte Häuserin, eine Frau, die ihnen die Hausarbeit machte. Der befahlen sie nun, recht kräftig einzuheizen, denn sie wollten einen guten Braten bereiten. Die Wirtschafterin gehorchte und schürte nach Kräften. Dann brachte sie den polternden Räubern viel Wein, Gesottenes und Gebratenes. Die bärtigen Waldmenschen taten sich gütlich daran.

Maria aber wurde am Ofen angebunden. Vor lauter Hitze meinte sie vergehen zu müssen. Die Räuber lachten, wenn sie sich krümmte und bog.

Da kam ein Bote herein mit der Nachricht, es hätten sich Kaufleute im Wald verirrt. Wie ein Mann sprangen nun alle einundzwanzig auf, stürzten ihre Gläser hinunter und eilten aus der Stube. Die alte Häuserin und Maria blieben allein.

Da bat die Müllerstochter die fremde Frau, ihr doch zur Flucht zu verhelfen, sie würde ihr dafür ewig dankbar sein. Tränen hell und klar wie der Morgentau kugelten ihr über die roten Wangen. Sie waren so zahlreich, dass eine Träne die andere einholte.

Die Alte erbarmte sich endlich des jungen Blutes. Sie band Maria los. Doch wäre die Häuserin allein zurückgeblieben, so wäre es auch um sie geschehen gewesen. Die zwei Frauen, die junge und die alte, flüchteten also gemeinsam durch den Wald. Sie liefen, so schnell sie nur konnten. Aber sie hatten kaum die Hälfte des Weges zurückgelegt, als sie die Räuber lärmend näher kommen hörten. Was war zu tun?

Wenn sie weitergingen, würden die zwei dem sicheren Tod in den Rachen laufen. Viel Zeit zum Nachdenken hatten die beiden nicht. Sie konnten nicht überlegen, nicht reden, nicht Pläne schmieden.

Da stand ein großer alter Baum. Den kletterte Maria so behände wie ein Eichhörnchen hinauf. Die Räuberwirtschafterin war auch nicht faul und folgte der Müllerstochter. Dabei verlieh die Angst der Alten junge Kräfte. So saßen die beiden auf den schwankenden Ästen, die sich unter ihnen bogen.

Mittlerweile waren die zweiundzwanzig Schurken angekommen. Sie rasteten just am Fuße des Baumes, auf dem die beiden Frauen zitterten. Um sich die Zeit zu vertreiben, malten sich die Männer aus, wie sie des Müllers Tochter im Ofen braten würden. Die Frauen über ihnen hörten jedes Wort. Sie fürchteten sich so sehr, dass ihr kalter Angstschweiß vom Baum nach unten tropfte.

Als die Räuber die Tropfen spürten, dachten sie, ein Regen nahe, griffen nach ihren Waffen und eilten schnurstracks nach Hause.

Die beiden Frauen kletterten nach unten und liefen durch den Wald davon, ohne sich noch einmal umzusehen. Sie rannten ins nächstgelegene Dorf, in dem Bekannte Marias wohnten. Zu diesen flüchteten sie sich und erzählten die ganze Geschichte. Jetzt wurde die Sache im Dorf laut. Die Bewohner berieten sich kurz und eilten gemeinsam bewaffnet zum Waldhaus. Sie fanden alle Räuber beisammen und brachten sie bis auf den letzten Mann um.

Maria aber kam mit ihrer Begleiterin noch am gleichen Tag zu ihren Eltern zurück. Die alte Häuserin lebte nun friedlich bei ihnen bis zu ihrem Tod.

Rechtwurm, Linkwurm, Haselwurm

TAG ODER NACHT war fast das Gleiche für den, von dem ich jetzt erzählen werde, denn dieser Mann hatte sein Augenlicht verloren.

Wenn die Sonne ganz hell schien, sah er nicht mehr als einen matten Schein. War es Nacht, dann wurde Schwarz aus Grau für ihn. Geld und Gut besaß der Blinde aber genug, sodass er niemals Not leiden musste. Die Leute nannten ihn einen reichen Herrn.

Dieser Mann hatte zwei Kameraden, die zogen mit ihm durch alle Wirtshäuser der Gegend. Wenn sie so unterwegs waren, spielten die zwei sehenden Gesellen oft an seiner statt mit den anderen Gästen um Geld. Alle drei zusammen aßen und tranken auch immer ordentlich. Sobald es aber ans Bezahlen ging, blieb der Blinde allein. Doch es kümmerte ihn nicht, wie viel er blechen musste, wenn es nur recht lustig zuging.

Seine zwei Kumpane waren aber keine redlichen Freunde, sondern unehrliche Kerle, die es nicht gut mit ihm meinten. Eines Tages heckten sie einen Plan aus.

»Wie wäre es, wenn wir ihn einmal recht viel Geld mitnehmen ließen und ihn tief in den Wald hineinführten? Dort nehmen wir ihm das Geld ab und laufen davon. Ihn werden die wilden Tiere auffressen und kein Mensch wird es bemerken.«

Gedacht, getan.

Sie machten ihm weis, dass es tief im Wald ein neues Wirtshaus gäbe, welches er unbedingt kennenlernen müsste. Die beiden lockten den Blinden: »Weil dort nicht so viele Gäste zufällig vorbeikommen, stellen sie allerhand zur Unterhaltung an, und es geht recht lustig her. Da solltest du dabei sein, es würde dir gefallen. Dorthin wollen wir einmal zusammen gehen. Nimm aber auch recht viel Geld mit, damit wir uns ordentlich vergnügen können.«

Der ahnungslose Blinde willigte ein und freute sich auf einen unterhaltsamen Abend. Und er packte einiges an Geld ein. Die beiden Lügner kamen nachmittags und holten ihn ab. Wie immer fasste ihn einer unterm rechten, der andere unterm linken Arm. Dann ging es unter die Bäume hinein. An diesem Tag taten die zwei noch freundlicher als sonst. Als sie aber tief im Wald waren, fielen die beiden plötzlich über ihn her, nahmen ihm das ganze Geld ab und liefen davon.

Da stand der blinde Mann mutterseelenallein und war sehr verzagt. Er hatte keine Ahnung, in welche Richtung es nach Hause ging oder in die nächste Schlucht hinab. So tastete er vorsichtig mit ausgestreckten Armen umher, fand aber nichts als Wurzeln zum Stolpern und Zweige, die ihm die Haare zerzausten.

Nach einiger Zeit merkte er, dass das matte Grau vor seinen Augen sich verdunkelte. Auch war es kälter geworden. Daran erkannte der Arme, dass es Nacht wurde. Da packte ihn die Angst erst richtig. Er dachte an wilde Tiere, für die er ein feines Festessen wäre.

In seiner Furcht beschloss er, auf einen Baum zu klettern. Oben würde er die Nacht eher unbeschadet überstehen als auf dem Boden. Am andern Morgen kämen dann vielleicht Menschen, die ihm den Weg nach Hause zeigen könnten. Also tastete er mit den Händen so lange herum, bis er einen Stamm fand, an dem ein Ast so weit unten wuchs, dass er ihn erreichen konnte. Da zog er sich hinauf. Dann kletterte der Blinde ein Stück nach oben, bis er fühlte, dass die Zweige dünner wurden und sein Gewicht bald nicht mehr tragen würden. Dort setzte er sich auf einen Ast und hielt sich am Stamm fest.

So wartete er darauf, dass die Nacht verginge. Schon bald hörte er aber etwas Seltsames. Aus drei Richtungen kam ein Getöse, die Zweige knackten, und das Laub raschelte. Der Lärm kam näher und näher, bis er genau unter ihm war.

Ausgerechnet am Fuß des Baumes, auf dem der Blinde hockte und lauschte, trafen sich drei riesige Würmer.

Eine mächtige Stimme sagte: »Rechtwurm, weißt du heute was Neues?«

Eine zweite antwortete: »Ja, sicher, ich weiß, dass morgen früh ein Tau fallen wird, der heilen kann. Wenn es die Blinden nur wüssten, könnten sie alle ihre Augen damit waschen und wieder sehend werden. Aber sie wissen's nicht und werden es nicht tun.«

Der oben auf dem Baum horchte bei diesen Worten auf. Sein Herz klopfte noch aufgeregter als zuvor.

Dann fragte der Rechtwurm: »Und du, Linkwurm? Was weißt du?«

Der Linkwurm antwortete: »Ich weiß, dass heute Nacht böse Zauberinnen einem Bauern in der Nähe das Vieh krank hexen. Zwar entspringt oberhalb seines Hofs eine Quelle, die alle seine Tiere heilen könnte, doch davon hat er keine Ahnung. So wird das Vieh wohl sterben.«

Dann wandte sich der Linkwurm an den Dritten: »Haselwurm, sag, was weißt du heute Neues?«

Der Haselwurm antwortete: »Ich weiß von einer Stadt, in der alles

Wasser versiegt ist. Die Menschen müssen dort weit gehen, wenn sie trinken, kochen oder waschen wollen. In dieser Stadt ist das Wasser teurer als der Wein. Wüssten sie, was ich weiß, wäre ihnen bald geholfen. Genau in der Mitte der Stadt fließt nämlich Wasser, so stark wie in einem Mühlbach. Er ist unsichtbar unter der Erde, aber sie bräuchten gar nicht tief zu graben, um den Fluss zu erreichen. Doch sie wissen es nicht, also müssen sie weiter durstig bleiben.«

Danach redeten die riesigen Würmer nicht mehr viel, sondern machten sich mit großem Getöse wieder in drei verschiedene Himmelsrichtungen davon.

Der oben auf dem Baum aber merkte sich gut, was er gehört hatte. Ungeduldig erwartete er den Morgen, denn er wollte unbedingt wissen, ob der Rechtwurm die Wahrheit gesprochen hatte. Endlich wurde es vor seinen Augen ein wenig lichter, und er hörte die ersten Vögel singen. Halb kletterte er, halb fiel der aufgeregte Blinde nun zum Fuß des Baums hinunter und tastete mit beiden Händen über den Boden. Tatsächlich: alles war feucht vom Morgentau. Mit nassen, zittrigen Fingern strich er sich jetzt über die blinden Augenlider, und wirklich – es wurde gleich heller um ihn. Schon konnte er den Umriss eines großen Baums erkennen. Noch einmal benetzte er seine Augen mit dem kühlen heilenden Tau. Allmählich vermochte der Mann so gut zu sehen, als ob er niemals blind gewesen wäre. Da weinte er vor Freude.

Es war ein glasklarer, sonniger Morgen, und er konnte sich am Blau des Himmels und dem frischen Grün der Erde beinahe nicht satt sehen.

Erst nach einiger Zeit des unbändigen Glücks fing er an nachzudenken, wohin sein Weg ihn nun führen würde. Er hatte keine Lust, die beiden falschen Freunde zu suchen. Mochten die zwei sein Geld und der Teufel ins Wirtshaus begleiten.

Der Geheilte wusste nicht, in welcher Richtung sein Zuhause lag, doch er hatte genau gehört und sich wohl gemerkt, woher der Linkwurm gekommen war, der von dem Bauern erzählt hatte. Dahin wollte der Sehende nun gehen. Denn dort, so meinte er, könnte sein Rat gut gebraucht werden. Wie gedacht, so getan.

Nach einiger Zeit kam der Wanderer wirklich zu einem Hof, wo ihm ein mürrisch dreinblickender Bauer begegnete. Der Fremdling grüßte mit einem freundlichen »Guten Morgen!«

»Vielleicht ist es für dich ein guter Morgen«, antwortete der Bauer, »aber wie soll es für mich einer sein, wenn das ganze Vieh krank ist?«

»Deine Tiere sind krank?«, fragte der geheilte Blinde. »Wenn es nichts weiter ist, kann ich dir helfen.«

»Wenn du wirklich helfen kannst, so soll dein Lohn nicht klein sein«, versprach der Bauer.

Der Fremde verlangte eine ordentliche Summe Geld. Der Bauer willigte ein.

Nun fand der Sehende nach kurzer Suche wirklich ein sprudelndes Wasser oberhalb des Hauses. Davon ließ er etwas in den Stall tragen und dem Vieh zu trinken geben.

Kaum hatten die Tiere getrunken, so wurden sie auf der Stelle gesund und sahen aus, als ob sie niemals krank gewesen wären. Der Bauer freute sich über alle Maßen und gab dem Herrn noch viel mehr zum Lohn, als er verlangt hatte. Beide waren hochzufrieden.

Der geheilte Blinde hatte noch immer keine Lust, sich auf den Heimweg zu machen.

»Zuerst«, so dachte er sich, »will ich den Menschen in der ausgetrockneten Stadt helfen.« Der Bauer wusste auf seine Frage gleich, von welchem Ort die Rede war, und zeigte dem Fremden den richtigen Weg. In der Stadt angekommen, ging der Wanderer, müde und durstig vom langen Marsch, als Erstes in ein Wirtshaus. Dort wurde er nach seinen Wünschen gefragt.

»Ein Glas Wein hätte ich gern, aber vorher noch ein kühles Wasser gegen den Durst.«

Da schüttelte die Magd den Kopf: »Den Wein kannst du schon haben, aber Wasser ist bei uns so teuer, dass es nicht einmal der reichste Mann bezahlen könnte.«

Der Fremde tat darüber ganz verwundert und verlangte den Wirt zu sprechen. Als dieser kam, bestätigte er, was die Magd schon gesagt hatte: In dieser Stadt müsse das Wasser mühsam von ganz weit her geholt und daher mit Gold aufgewogen werden.

Da meinte der Fremde, er wisse eine Quelle, die näher läge.

»Geh und hole die Bürger«, verlangte er vom Wirt, »dann will ich euch helfen.«

Weil selbst die kleinste Hoffnung besser ist als der tägliche Durst, ließ sich der Wirt nicht zweimal bitten. Und so ging es mit der ganzen Bürgerschaft: Sie lief sogleich zusammen und versprach dem Fremden reiche Belohnung, wenn er wirklich im Stande wäre, ihnen in ihrer Wassernot zu helfen.

Nun ließ der kluge Mann die Stadt ausmessen, bis ihre genaue Mitte gefunden war. Dort hieß er die Leute graben. Schon nach kurzer Zeit sprudelte helles, klares Wasser aus dem Boden. Die staunenden Stadtbewohner weinten Freudentränen, als vor ihren Augen aus dem dünnen Rinnsal ein kleiner Bach wurde. Der Bach wuchs an, bald war er stark wie ein Mühlstrom.

Kaum jemand, der nicht selber einmal argen Durst gelitten hat, kann sich die Freude der Menschen über diese Quelle vorstellen.

Das Wasser war frisch und kühl. Auf der Stelle gab es ein großes Fest, bei dem mehr klares Wasser als Wein getrunken wurde. Als der Fremde seinen Lohn begehrte, gaben sie ihm in ihrem Überschwang noch viel mehr, als er verlangt hatte. Eine solche Wohltat sei mit Gold nicht zu bezahlen, meinten alle.

Guter Dinge und reicher als zuvor machte der Herr sich nun doch auf den Heimweg. Alles, was er in jener Nacht auf dem Baum erlauscht hatte, war nun aufs Beste genutzt.

Der Weg nach Hause führte ihn auch an einem der Wirtshäuser vorbei, in dem er früher als Blinder oft mit seinen falschen Freunden gesessen war. So ging er hinein. Wie er es vermutet hatte, saßen die beiden Kumpane dort beim Zechen und Spielen.

Der Geheilte stellte sich hinter ihre Stühle und schaute ihnen eine Zeit lang über die Schultern. Sie erkannten ihn nicht. Schließlich sagte er laut: »So sehen sich alte Freunde wieder. Gewinnt ihr denn wenigstens beim Spiel mit meinem Geld?«

Da erschraken die zwei zutiefst. Aber der reiche Herr tat freundlich. Ausführlich erzählte er von seinen Erlebnissen, seit sie ihn im Wald zurückgelassen hatten. Er berichtete von den Würmern, vom Vieh des Bauern und vom Wasser der Stadt. Dann ließ er sie ohne ein Wort des Zorns dort hocken. Er ging nach Hause und lebte fortan so glücklich wie noch nie.

Was aber geschah mit den beiden gierigen Halunken?

Sie beschlossen, es dem reichen Herrn gleichzutun.

Im Wald fanden sie rasch die Stelle, an der sie ihren Freund beraubt hatten. In der Nähe stand ein weit ausladender Baum. Auf den kletterten die zwei. Als es Nacht wurde, hörten die Gesellen Lärm. Das Laub raschelte, die Bäume knarrten. Aus drei Richtungen kamen die riesigen Würmer herbei, um sich unter demselben Baum zu treffen. Der Linkwurm fragte donnernd: »Rechtwurm, weißt du was Neues?«

Dieser antwortete: »Eines weiß ich ganz gewiss – das letzte Mal sind wir hier belauscht worden. Da hat einer guten Gebrauch gemacht von dem, was wir geredet haben.«

Da mischte sich der Haselwurm ein: »Diesmal wollen wir besser achtgeben. Oben auf dem Baum sitzen zwei, die nicht hierher gehören!«

Kaum hatte er das gesagt, erhoben sich die Würmer und ringelten sich den Baumstamm hinauf. Die falschen Freunde oben konnten nirgends hin. Sie wurden von den Würmer an den Füßen gepackt, auf die Erde geworfen und dort totgedrückt. Die meisten Leute meinen, es geschah ihnen ganz recht.

(nach Zingerle mündlich bei Meran)

Was ist das Schönste, Stärkste und Reichste auf der Welt?

Z

ZWEI BAUERN STANDEN einmal vor Gericht – ein reicher und ein armer. Sie zankten und stritten sich schon eine ziemlich lange Zeit. Schließlich hatte der Richter keine Lust mehr, sich das Hin und Her anzuhören. Er war ein sehr kluger Mann. Schon manches Mal hatte er sich durch geschickte Einfälle lästige Leute vom Hals geschafft.

So sagte er eines Tages zu den beiden Bauern: »Wisst ihr was? Ich mag nicht mehr. Lasst diesen Streit mit einem Rätsel enden! Derjenige von euch hat hier gewonnen, der mir bis morgen die richtige Antwort auf drei Fragen zu geben weiß. Was ist das Schönste, das Reichste und das Stärkste auf der Welt?«

Als der reiche Bauer das hörte, ging er voller Freude heim. Jedem, dem er begegnete, erzählte er höchst vergnügt von der Weisheit und Gerechtigkeit des Richters. Denn der törichte Mann dachte bei sich. »Dass mein Weib das Schönste auf der Welt ist, dass meine Ochsen das Stärkste sind und ich selbst der Reichste bin, das ist so klar wie die Sonne am Himmel.«

Der arme Bauer hingegen schnitt ein langes Gesicht. Eine Weile blieb er stehen und machte sich dann endlich langsam und verdrießlich auf den Weg. Bei sich murrte er über die Torheit und Unge-

rechtigkeit des Richters. Wenn ihn jemand ansprach und fragte, warum er so grantig dreinschaue, dann ging beim Erzählen jedes Mal ein Donnerwetter los.

Bald hatte er den Hof erreicht. Seine Tochter arbeitete gerade im Garten. Als sie den Vater mit hängendem Kopf daherkommen sah, wusste sie gleich: »Holla, heut ist's nicht gut ausgegangen«.

Sie hatte die Zeichen auf der Stirn des Alten von Kindheit an genau zu lesen gelernt.

So rief sie mit scheinbarer Gleichgültigkeit: »Schau, Vater, so herrlich sind uns die Krautköpfe noch nie geraten. Große Kugeln ohne einen Wurm drauf!«

»Was, Krautköpfe!«, rief der Bauer, »der Richter ist ein Krautkopf.«

»Hast du's verspielt?«, fragte das Mädchen.

»Verspielt hab ich's noch nicht. Aber bis morgen soll ich dem Richter ein Rätsel lösen. Was das Schönste, das Stärkste und das Reichste auf der Welt sei, will er wissen. Wenn ich es nicht errate, dann ist alles hin.«

Da rief die Tochter freudig: »Sei gescheit! Das ist ja leicht.« Und sie sagte dem Vater ihre Lösung gleich.

Der Alte dachte eine Zeit lang über ihre Worte nach.

»Da magst du recht haben«, meinte er schließlich.

Am andern Tag traten die beiden Bauern wieder vor den Richter. Noch bevor dieser Zeit hatte zu fragen, platzte der Reiche schon heraus: »Das Schönste, Herr Richter, ist mein Weib, das Stärkste sind meine Ochsen, der Reichste aber bin ich selbst. Den Preis hab ich gewonnen.«

Da wandte sich der Richter zum Armen und fragte ihn: »Und, was hast du mir zu sagen? Heraus mit der Sprache!«

Der Bauer antwortete mit den Worten seiner Tochter: »Das Schönste ist der Frühling in all seiner Pracht, das Stärkste der Erdboden, der uns alle trägt, und das Reichste der Herbst, in der Welt und auch im Leben eines Menschen.«

»Ja«, rief der Richter da freudig und klopfte ihm auf die Schulter, »du hast's erraten. So hast du den Prozess gewonnen. Aber bevor du heimgehst, sag mir eines: Ist des Rätsels Lösung auf deinem Mist gewachsen?«

Da meinte der Bauer ehrlich: »Nein, das war nicht meine Gescheitheit, meiner Tochter daheim ist es eingefallen. Sie ist's, die mir so gut geraten hat.«

»Nun, so sag deiner klugen Tochter, dass ich sie zur Frau nehmen will, wenn sie im Stande ist, unangekleidet und doch nicht nackt, nicht bei Tag und nicht bei Nacht, nicht auf der Straße und nicht auf Seitenwegen von euch daheim zu mir in die Stadt zu kommen.«

Dem armen Bauern schaute bei der Aussicht auf einen solchen Schwiegersohn die Freude aus den Augen heraus. Er versprach seiner Tochter alles getreulich auszurichten.

Beide Bauern machten sich auf den Weg nach Hause. Aber heute war es anders als gestern.

Der Arme erzählte jedem, der ihm begegnete, fröhlichen Mutes von der Weisheit und Gerechtigkeit des Richters.

Der Reiche hingegen murrte über dessen Torheit und Ungerechtigkeit. Wenn ihn jemand ansprach und fragte, warum er so missmutig dreinschaue, so ging jedes Mal ein Donnerwetter los.

Als der Arme nach Hause kam, sah seine Tochter schon von Weitem, wie das Wetter heute war. Sie rief zum Fenster heraus: »Nicht wahr Vater, ich hab's erraten!«

»Freilich hast du's erraten, aber ich hab noch ein Rätsel für dich.«

»Was denn, Vater?«

»Der Herr Richter lässt dir sagen, er würde dich heiraten, wenn du im Stande bist, ohne Kleider und doch nicht nackt, nicht bei Tag und nicht bei Nacht, nicht auf der Straße und nicht auf Seitenwegen von uns daheim zu ihm in die Stadt zu kommen.«

»Ich Frau Richterin werden?«, rief die junge Frau überrascht. »Nun, das wäre gar nicht übel. Da muss ich gut überlegen.«

Sie dachte nach, wie sie die Sache recht gescheit angehen sollte. Bald hatte sie einen klugen Einfall.

Ein paar Stunden bevor der Tag zu Ende ging, ließ sie sich den Weg von zu Hause bis zur Stadt mit Brettern belegen. Dann zog sie sich aus und warf sie sich ein Fischernetz um. So ging sie ohne Kleider und war doch nicht nackt. In der Abenddämmerung war es nicht mehr Tag und noch nicht Nacht. Sie ging dabei weder auf der Straße noch auf Seitenwegen, sondern stieg immer nur auf die Bretter am Weg.

Als der Richter sie kommen sah, freute er sich und hielt sein Wort. Einen Monat später wurde die Hochzeit mit aller Pracht gefeiert. Doch eine Bedingung stellte der Bräutigam der Braut. Sie dürfe niemandem, der vor ihm einen Prozess zu führen hatte, irgendeinen Rat erteilen.

Dann verging die Zeit.

Eines Tages kam ein alter Bekannter zur Frau Richterin und erzählte ihr, dass er mit seinem Nachbarn viel zu streiten habe. Er sei deswegen in großer Verlegenheit. Anfangs weigerte die Richterin sich standhaft, ihm zu helfen. Sie erklärte dem Bauern weitläufig, dass sie durch einen solchen Beistand ihren Rang und ihren Mann verlieren würde.

Da fing der sture Bauer an, alle weisen Sprüche und jeden Rat, den er je von ihr gehört hatte, aufzuzählen. Dabei schaute er ihr unverwandt ins Gesicht, um zu sehen, welche Antwort diesmal wohl die rechte sei. So erwischte er sie. Die Frau ließ nun zuerst ein

Wort nach dem andern fallen, und schließlich sagte sie ihre Meinung rundheraus.

»Aber bitte verrate niemandem, wer dir das geraten hat. Höre! Versprich's!«, rief sie dem Bauern nach.

Dieser stellte sich nun vor Gericht seinem Gegner. Durch die Weisheit der Richterin gewann er auch. Der Richter aber ahnte gleich, wodurch der Bauer über Nacht so klug geworden war. Er nahm ihn beiseite. So lange fragte der Richter den armen Bauern, bis dieser gestand, wer seine Ratgeberin gewesen sei.

»Mein Weib muss augenblicklich aus dem Haus«, rief der mächtige Mann zornig.

Seine Frau aber hatte alles mit angehört und ließ sich nicht so schnell irremachen. Sie trat mutig ins Gericht hinein. Sehr sanft und wortreich bat sie ihren lieben Mann, er möge wenigstens noch einmal mit ihr gemeinsam essen. Und als Erinnerung an die guten gemeinsamen Jahre möge er sie dann zum Abschied das Liebste im Haus mitnehmen lassen.

Das gestattete der Richter seiner Frau.

Als es Essenszeit war, setzten sich die beiden Eheleute zusammen. Er suchte seinen Zorn mit Wein zu löschen. Sie aber lächelte hier und da nachdenklich vor sich hin. Der Richter tat des Guten zu viel. Bald sank ihm der Kopf auf die Brust und er fing an, kräftig zu schnarchen.

Da packte die Richterin ihren Mann und fuhr mit ihm – dem Liebsten, das sie hatte – in Richtung ihres Heimathofs.

Als die holprige Straße den Rausch aus dem Mann herausgerüttelt hatte, erwachte der Richter. Er musste nicht erst fragen, was geschehen sei, denn er merkte gleich, dass seine Frau wieder einmal die Klügere gewesen war.

Weil er selber auch kein Dummkopf war, bat er sie um Verzeihung, und die beiden kehrten gemeinsam wieder nach Hause zurück. Sie lebten noch viele, viele Jahre in Frieden und Eintracht miteinander.

Wir, die wir diese Geschichte gehört haben, wir können uns nur wünschen, dass alle Frauen so klug wären wie die Frau Richterin.

Und alle Männer klug genug, um es zu merken.

Der gescheite Bauer

SO SCHWER, DASS ihm die Rippen krachten, arbeitete einmal ein Bauer in seinem Feld. Da kam der Kaiser auf einem Pferd vorbeigeritten. Als dieser den Bauern so schuften sah, rief er ihm zu: »Nicht zu fleißig!«

»Woll, woll für die zweiunddreißig«, antwortete der Bauer, »und die sieben müssen für fünf gut sein, und dann muss noch was übrig bleiben, weil das steckt ein anderer ein.«

Der Kaiser schaute bei dieser Antwort den Bauern groß an und verstand nichts.

Neugierig fragte er: »Sag mir doch, was das heißen soll, ich will dir auch hundert Taler für die Erklärung geben. Aber du musst mir versprechen, dass du dieses Rätsel sonst niemandem erklärst, bevor du mich nicht wenigstens hundertundeinmal gesehen hast.«

»Einen solchen Handel würde ich mein Lebtag nie ausschlagen«, erwiderte der Bauer. »Ich will dir sagen, wie es gemeint war.« Und er löste dem Kaiser das Rätsel. Diesem gefiel es so sehr, dass er beschloss, es anderen aufzugeben.

Er ritt in seinen Palast zurück. Dort lud er all seine Hofleute und hohen Beamten zu einem Festmahl. Beim Essen erzählte er von seinem Ausritt und der Begegnung mit den Bauern, dann packte er sein Rätsel aus. Der Kaiser versprach demjenigen sein Reich, der dieses Rätsel lösen könne.

Die Gäste wollten gerne Kaiser werden und dachten lange nach. Aber bei aller Gelehrtheit, die da bei Hofe versammelt war, wusste niemand genug vom Bauernleben, um auch nur einen Teil zu lösen.

Einer der Anwesenden hatte es faustdick hinter den Ohren und dachte sich gleich: »Du hast mir schon zu viel verraten. Dir werd' ich's zeigen.«

Am nächsten Tag ritt dieser Hofbeamte nun über die Felder. Immer, wenn er einen Bauern bei der Arbeit sah, rief er laut: »Nicht zu fleißig!«

Wirklich, gegen Mittag erhielt er die gewünschte Antwort: »Woll, woll für die zweiunddreißig, die sieben müssen für fünf gut sein, und dann muss noch was übrig bleiben, weil das steckt ein anderer ein.«

Da wusste der Beamte, dass er am rechten Ort war.

Er griff in die Tasche und zeigte dem Bauern zehn Taler: »Magst du die? Wenn du mir dein Rätsel auflöst, kannst du sie haben!«

Dem Bauern hätten die Taler gut gefallen, aber er riss sich zusammen und sagte: »Ich habe dem Kaiser selbst versprochen, niemandem den Sinn dieses Rätsels zu verraten, und dabei bleibt's.«

Der Beamte war aber sehr hartnäckig. Er ließ dem Bauern einfach keine Ruhe mehr, und jenem kamen die Taler von Augenblick zu Augenblick immer schöner vor. Schließlich betrachtete der kluge Mann die Münzen vorn und hinten ganz genau und steckte sie endlich doch ein. Dann erklärte er, was sein Spruch bedeute.

»Die zweiunddreißig, das sind meine Zähne, die alle Tage etwas beißen wollen und für die ich wohl fleißig sein muss. Dann geht's weiter: sieben müssen für fünf gut sein. Die fünf, das sind die Wintermonate. In diesen kann ich nichts ernten, und deswegen müssen die anderen sieben Monate diese fünf mit erhalten. Und dann soll noch etwas übrig bleiben, um dem Kaiser die Steuern zu zahlen. Das alles lässt uns Bauern fleißig sein. Hast du's nun verstanden?«

Der Beamte ritt freudig in den Palast des Kaisers zurück. Er ließ sich beim Herrscher melden, und als er vorgelassen wurde, erklärte er ihm den Sinn seines Rätsels.

Der Kaiser aber hatte auch kein Stroh im Kopf. Er ahnte gleich, wie der Beamte die Lösung gefunden hatte. Daher ließ er ihn einsperren und den Bauern zu sich rufen.

Dieser kam und machte ein Gesicht, als ob gar nichts geschehen wäre. Als ihm der Kaiser die Leviten las, zuckte er gleichgültig mit den Schultern und sprach: »Eure Majestät tun mir Unrecht über und über. Ich habe alle hundert Gulden, die mir der Herr Kaiser bezahlt, und die zehn Taler, die mir der Beamte gegeben hat, gut angeschaut, bevor ich des Rätsels Lösung verraten habe. Auf jedem Gulden und auf jedem Taler sah ich das Bild des Kaisers. Einmal bin ich Eurer Majestät selbst auf meinem Acker begegnet. Das macht zusammen hundertelf, nicht bloß hundertundeins. Jetzt aber sehe ich den Kaiser schon zum hundertundzwölften Mal.«

Da lachte der Kaiser über so viel Gescheitheit. Der mächtige Mann machte den gewitzten Bauern zu seinem Berater, und die Beamten am Hof mussten ihm fortan die Ehre erweisen.

(nach Zingerle mündlich bei Meran)

Die Pomeranzenfrau

NICHTS HÄTTEN GRÄFIN und Graf lieber im Schloss gesehen als eine Frau für ihren Sohn. Er war nämlich ihr einziges Kind und schon in einem ganz bestimmten Alter.

Die Mutter redete ihm morgens und abends zu, er sollte sich eine schöne Braut suchen und ihr eine Tochter ins Haus holen. Aber alles Reden und Mahnen war vergebens. Der gute Grafensohn hatte sich nämlich etwas in den Kopf gesetzt: Er wollte keine Braut, die von einer Mutter geboren worden war. Wie aber oder wo sollte er eine solche finden?

So beschloss der Jüngling, in die Welt zu ziehen, um eine Frau nach seinem Wunsch zu suchen. Als das Ross gesattelt war, nahm er von den traurigen Eltern Abschied und ritt in die Fremde.

Er war schon lange, lange – ach sehr lange so geritten, hatte die Braut, die von keiner Mutter geboren sein sollte, aber nirgends finden können, da kam er zu einer Wegkreuzung. Dort, wo sich die Wege teilten, stand ein altes Weib, krumm, klein und gebückt. Sie hatte nur mehr einen Zahn im Mund und sehr lange Wimpern. Diese betagte Frau fragte der reiche Grafensohn, wohin denn die beiden Wege führten.

Er musste fast schreien, denn die Alte war schon ziemlich taub. Sie wollte nun ihrerseits wissen, was er denn suchte und wozu er die Auskunft bräuchte. Da erzählte er alles – dass er eine Braut suche, aber nur eine wolle, die von keiner Mutter geboren sei.

Anstatt ihn anzuschauen wie einen Verrückten, nickte die alte Frau beifällig mit dem grauen Kopf. Dann wies sie mit einem Haselstecken auf den Weg, der nach rechts führte.

Mit krächzender Stimme sagte sie: »Schmucker Bursche, geh diesen Weg entlang. Du wirst an seinem Ende ein großes, großes Haus finden. Da geh hinein, mein Hübscher. Hinter der Tür wirst du einen Kehrbesen sehen. Diesen nimm und kehre die Stiege vor dir sauber. Wenn du damit fertig bist, kommst du zu einem großen Löwen. Das wilde Tier hält einen goldenen Schlüssel in seinem Rachen. Diesen Schlüssel musst du mit Gewalt seinem Maul entreißen. Damit kannst du die Tür, vor der du stehst, aufsperren. Dahinter ist ein prächtiges Zimmer. Da gehst du hindurch und kommst wieder zu einem Löwen mit einem Schlüssel, der vor einer Tür wacht. Diesen Löwen musst du, mein Sohn, ebenfalls besiegen und auch ihm den Schlüssel wegnehmen. Nun kannst du durch die dritte Tür gehen, dann kommst du in die Küche. Dort wirst du drei schöne, rotgelbe Pomeranzen finden und ein Messer mit einem Griff aus Ebenholz. Nimm das Messer und schneide eine der drei Pomeranzen auf. Es wird eine wunderschöne Frau herauskommen. Du musst aber mit ihr gleich zu dem frischen Brunnen eilen, der vor dem Haustor unter den zwei Linden steht. Dort sollst du deine Braut unters Wasser halten, denn sonst wird sie gleich verwelken und sterben.«

Der reiche Grafensohn nahm sich die Worte der Alten zu Herzen. Er ritt in den kühlen, dunklen Wald hinein und kam immer tiefer und tiefer, bis er plötzlich vor einem großen Schloss stand, das aus weißem Marmor erbaut war. Er trat durch das schöne Portal ein und fand hinter der Haustür den Besen. Diesen nahm er und folgte dem Rat der geheimnisvollen Wegweiserin.

Als die Stiege gekehrt war, kam er zum Löwen. Diesem riss er den goldenen Schlüssel aus dem Rachen, sperrte die ebenhölzerne Saaltür auf und durchschritt den weiten Saal dahinter. An der gegenüberliegenden Wand kam der unerschrockene Bursche zum zweiten Untier, das wieder einen goldenen, noch schöneren Schlüssel im Maul hielt. Der junge Graf entriss auch diesen dem Löwen, worauf dieser sogleich ganz friedlich wurde.

Da öffnete unser Held die zweite Tür und kam in die Küche, wo er, wie versprochen, das Messer und drei wunderschöne Pomeranzen fand. Sie waren so gelb wie das reinste Gold und glänzten wie die Sonne. Er wagte kaum, die wunderschönen Früchte zu berühren. Erst nach einiger Zeit nahm er seinen Mut zusammen und griff nach der vor ihm liegenden Pomeranze und dem Messer. Rasch schnitt er die goldene Frucht entzwei, denn er hatte sich den Rat des alten Weibes wohl gemerkt.

Kaum war der obere Teil der Schale abgelöst, als eine wunderbare Frau vor ihm aus der unteren Hälfte der Pomeranze in die Höhe wuchs. Sie war so schön wie der Tag, und ihre Augen so blau wie der heitere Himmel im Sommer.

Dem reichen Grafensohn wurde es wunderlich ums Herz. Er vergaß die Mahnung des alten Mütterchens ganz und gar. Er schaute und schaute nur die schöne Jungfrau an und dachte nicht mehr an den Brunnen. Wie er so staunte und stand, da welkte das schöne Bild in sich zusammen, und die Jungfrau verschwand vor seinen Blicken.

»Warte nur, mit der Zweiten will ich es gescheiter machen«, dachte sich der reiche Grafensohn.

Er nahm die zweite Pomeranze und das blanke Messer mit sich und stieg die weiße Marmorstiege hinab in den Hof. Erst beim Brunnen unter den zwei Linden schnitt er die zweite goldene Frucht entzwei. Es blendete ihn fast, so schön war die junge Frau, die nun vor ihm stand. Diesmal sah er sich vor.

Gleich hielt er die wunderbare Gestalt unter den Strahl des Wassers. Da wurde sie größer und größer, sodass seine Hände sie nicht mehr halten konnten und er sie auf den Boden stellen musste. Das Wachsen hörte erst auf, als die Frau so groß war wie der reiche Grafensohn selbst. Da nahm er sie bei den Händen und führte sie in das weiße Marmorschloss.

Ohne einen Blick von ihr wenden zu können, bat der Grafensohn sie nun, dort zu warten, bis er mit Pferd und Wagen wiederkommen würde. Dann nahm er von der Schönen Abschied, küsste sie und ritt heimwärts.

Die Pomeranzenfrau aber wohnte nun allein im Palast. Sie musste sich selbst das Wasser holen und das Essen bereiten. So ganz allein war ihr die Zeit oft lang.

Neben dem großen Marmorschloss stand ein kleines Häuschen. In dem wohnte eine böse Zauberin mit ihren zwei Töchtern. Diese sahen die schöne Jungfrau öfters zum Brunnen unter den Linden gehen. Da kamen die zwei zu ihr herauf und fragten und forschten. Die Pomeranzenfrau war noch unschuldig wie gerade erst geboren. So erzählte sie ihnen unverhohlen die ganze Geschichte, gerade so wie es Kinder tun.

»Komm mit uns«, sagte eines Tages die ältere der beiden Töchter der Zauberin, »die Mutter hat Kuchen gebacken und die schmecken gut.«

Ohne Argwohn ging die junge Frau mit den beiden Schwestern. Im Häuschen spielten die drei allerlei Spiele. Einmal sollte die Pomeranzenfrau Königin werden und ein neues Kleid bekom-

men. Wie sie so dasaß, da stach sie eine der beiden Schwestern mit einer Nadel. Das war eine Zaubernadel, deren Stich die unschuldige junge Frau auf der Stelle in eine Taube verwandelte.

Eine der zwei hässlichen Schwestern ging nun selbst in das große Haus hinüber und wartete, bis endlich der Bräutigam kam. Dieser staunte nicht wenig, als er anstatt seiner schönen Braut die garstige Zauberinnentochter fand. Doch sie wusste allerlei Ausreden für die Veränderung. Er wollte sein gegebenes Versprechen halten und meinte, ihn könnten vielleicht doch nur die Augen täuschen. So nahm der Grafensohn also die garstige Braut zu sich in die Kutsche und fuhr mit ihr fort.

Während sie auf dem Weg waren, kam der alten Zauberin die Taube aus und flog ihnen nach. Sie schlug so mit den weißen Flügeln, dass es schwirrte und der junge Mann sie bemerkte. Gleich hatte er Mitleid mit dem armen Tierchen und streckte die Hand aus, um es hereinzuholen. Seine Braut war darüber sehr böse, denn sie erkannte den Vogel wohl. Der reiche Grafensohn aber ließ es sich nicht nehmen, sondern hob das Täubchen herein. Nun hielt er es auf seinem Schoß und liebkoste es sanft, dass es zu gurren anfing.

Wie er den Vogel so streichelte und die Taube ihn mit ihren schwarzen, klugen Augen anblickte, fühlte er eine Nadel auf dem Kopf des Tieres. Voll Mitleid zog er sie heraus. Augenblicklich stand die wahre Braut vor ihm im Wagen. Da freute sich der reiche Grafensohn und hatte sie noch einmal so lieb. Die böse, garstige Tochter der Zauberin warfen die beiden zur Kutsche hinaus, sodass sie sich beide Beine brach.

Das Brautpaar fuhr voll Freude nach Hause, und die alten Eltern freuten sich mit ihrem Sohn. Die Hochzeit war so fröhlich und wunderbar, dass selbst die Tauben auf dem Dach sich noch lange davon erzählten.

Der Aschentagger

DICHT AM WALD lebte einmal ein Bauer, der drei Söhne hatte. Die älteren zwei waren geschickte Buben, die dem Vater tüchtig zur Hand gingen. Der jüngste aber war ein Dummling und zu keiner Arbeit zu gebrauchen. Obwohl er schon zwanzig Jahre alt war, trug er immer noch seinen Kinderrock aus Loden. Der Bursche saß den ganzen Tag auf dem Herd. Dabei zeichnete er oft mit seinen Zehen Muster in die Asche. Deshalb nannten ihn alle den Aschentagger.

Eines Tages wurde der Bauer todkrank. Als er spürte, dass für ihn kein Kraut mehr gewachsen war, sagte er zu seinen drei Söhnen: »Ich kann euch wenig hinterlassen. Aber ein jeder von euch soll in den drei ersten Nächten nach meinem Tod zu meinem Grab kommen. Dann werde ich euch mit Rat und Tat helfen.«

Nach diesen Worten starb der Bauer und wurde bald begraben. In der ersten Nacht sollte der Älteste zum Grab des Vaters gehen. Der aber fürchtete sich, nachts allein auf dem Friedhof zu sein. Da sah er in der Küche den Bruder auf dem Herd sitzen. So sagte er: »Hansl, wenn du anstatt mir zum Grab unseres Vaters gehst, geb ich dir einen Laib Brot.« Da lachte der Hansl vor Freude hell auf: »Um einen ganzen Laib Brot geh ich dir jede Nacht auf den Friedhof.«

Der Aschentagger bekam nun von seinem Bruder das Brot, aß es und ging bei Einbruch der Dunkelheit zum Grab seines Vaters. Dort wartete der Bursche bis Mitternacht. Als es auf dem Kirchturm zwölf Uhr schlug, stieg der Vater aus der Erde. Wie er den Hansl sah, sagte er: »Ach, du bist der Erste, der kommt! Dafür will ich dir etwas Gutes geben. Da hast du ein Zaumzeug. Bewahre es gut auf, denn es wird dir einmal viel nützen.«

Der Sohn nahm den Rosszaum und dankte dem Vater, der sogleich wieder verschwand. Der Hansl kehrte nun lustig nach Hause zurück. Dort hängte er den Zaum im leeren Stall an eine Wand. Dann ging er in seine Kammer, um bis zum nächsten Morgen zu schlafen.

Als am anderen Tag die Brüder ihn fragten, wie es ihm denn so ergangen sei, erzählte der Aschentagger ihnen die Geschichte, nur das Zaumzeug erwähnte er nicht.

Bald saß der Jüngste wieder auf dem Herd und wühlte wie gewöhnlich in der Asche. Da sprach der zweite Bruder zu ihm: »Hansl, du fürchtest dich nicht. Geh du statt mir auf den Friedhof. Ich gebe dir dafür auch einen Laib Brot.«

Der Jüngste lachte wieder: »Gib mir nur das Brot, ich werd' schon zum Vater gehen.«

Hungrig aß er den ganzen Laib und war guter Dinge. Als es dunkle Nacht war, ging er wieder auf den Friedhof. Bis Mitternacht wartete der Bursche geduldig am Grab. Als es vom Kirchturm zwölf Uhr schlug, stieg der Vater aus dem Boden. Der Bauer war ganz verwundert, als er wiederum den Jüngsten seiner Söhne sah.

»Hansl, bist du wieder da? Du bist halt doch der Treueste und Folgsamste«, sprach er. Dann gab der Tote dem Aschentagger eine Peitsche aus mehreren strammen Riemen mit den Worten: »Hebe diese Geißel gut auf, denn sie wird dir von großem Nutzen sein.«

Hansl ging mit dem Geschenk wohlgemut nach Hause. Im Stall

steckte er sie neben dem Rosszaum an die Wand. Dann suchte der Bursche sein Lager auf, schlief, bis es Morgen wurde, zog sich wieder an und setzte sich auf den Herd.

Seine Brüder fragten ihn abermals, wie es ihm auf dem Friedhof ergangen sei. Da erzählte er ihnen fast alles, nur über die Geißel sagte der Aschentagger kein Sterbenswort.

In der dritten Nacht war der Jüngste ohnehin selbst an der Reihe. Er ging an die gleiche Stelle am Friedhof. Um Mitternacht stieg der Vater wieder aus dem Grab: »Schau an, der Hansl ist auch heute da! Du bist der Beste und Erste. Dafür will ich dir noch etwas geben. Da hast du ein spanisches Stäblein. Bewahre es gut auf, denn es wird dir zu großem Nutzen gereichen.« Der Vater gab ihm einen biegsamen Rohrstock aus ganz besonderem Holz. Dann verschwand der Tote wieder.

Der Bursche ging damit seelenvergnügt nach Hause. Er steckte seinen Stab zu dem Zaum und der Geißel im Stall. Dann legte Hansl sich schlafen. Am folgenden Tag erzählte er den Brüdern, wie es ihm ergangen war. Allein von dem spanischen Stäblein sagte der Jüngling nichts. Nach diesen drei Nächten hockte er wie vorher schon auf dem Herd und spielte mit den Zehen in der Asche.

Nicht fern von der Heimat der drei Brüder ragte eine steile Felswand empor, auf deren Höhe sich eine sehr schöne Ebene befand. Vorn war der Anstieg so jäh, dass nur ein geübter Berggeher hinaufsteigen konnte. Von der Rückseite führte aber ein guter Weg zur Anhöhe.

Der König ließ verkünden, wer imstande sei, auf der Vorderseite bis zur Ebene auf einem Pferd hinaufzureiten, werde die Königstochter zur Frau erhalten. Dazu bestimmte der König einen Tag, an dem Rosse und Reiter aus dem ganzen Land ihr Glück versuchen sollten.

Da kamen Ritter und Herren von weit und breit, um dieses

Schauspiel zu sehen oder selbst ihr Glück zu versuchen. Als der vom König bestimmte Tag angebrochen war, sagten die zwei älteren Brüder zum Aschentagger: »Hansl, wir wollen die Ritter anschauen, bleib du fein daheim. Hüte uns das Haus!« Dann gingen sie zur Felswand hinaus.

Da dachte sich der Hansl: »Ich bleib auch nicht allein daheim.«

Er holte Zaumzeug und Geißel aus dem Stall. Damit lief er in den Wald hinaus. Dort fand der Bursche einen wunderschönen Schimmel, der an eine Tanne gebunden war. An einem anderen Baum hing eine prachtvolle, silberne Rüstung. Der Jüngling konnte sich an dem schönen Ross und dem funkelnden Rittergewand nicht satt sehen. Wem mochte das wohl gehören?

Die Zeit verging und niemand erschien. Alles schien nur auf ihn zu warten.

Da sagte sich Hansl: »Wenn beides so leer und allein dasteht, will ich es nehmen.« Er zog seinen alten Lodenrock aus, schnallte sich die herrliche Rüstung um, legte dem Pferd den Rosszaum an, den ihm der Vater vermacht hatte, und stieg auf den stolzen Schimmel. Kaum aber saß der Aschentagger droben, als das Pferd schnell wie der Wind davoneilte. Es trug ihn zur steilen Felswand. Dort machten alle Zuschauer dem unbekannten Ritter Platz. Der mutige Schimmel schritt wie eine Gämse die steile Wand hinauf, bis er auf der Höhe stand.

Da war ein Jauchzen und Jubeln unter den Zuschauern. Niemand konnte den guten Reiter genug bewundern. Auf der grünen Ebene droben wartete auch die Königstochter. Als diese den schönen Ritter sah, eilte sie freudig auf ihn zu, wollte ihn umarmen, ja ihn sogar küssen.

Hansl aber verstand nicht recht, was sie von ihm wollte, und stieß sie von sich. Der Narr wollte durchaus keinen Kuss von der Prinzessin. Stattdessen eilte der Bursche auf seinem Schimmel in den Wald zurück. Dort stieg er vom Pferd, nahm sein Zaumzeug und legte die Rüstung ab. In seinem alten schmutzigen Lodenrock lief der Aschentagger nach Hause, setzte sich auf den Herd und tat, als ob er ihn gar nicht verlassen hätte.

Der Königstochter aber hatte der fremde, stolze Ritter so gut gefallen, dass sie den König bat, er möge dieses Reitspiel noch einmal veranstalten. Vielleicht käme dann der schöne Fremde wieder.

Der König tat, was die Prinzessin wollte. Am folgenden Tag wurden alle Ritter erneut zum Wettbewerb geladen.

Als es abermals losgehen sollte, sprachen wieder die zwei Brüder zum Jüngsten: »Bleib daheim. Hüte du das Haus, wir gehen zum Spiel hinaus.«

Da ließ der Hansl sie gehen, dachte aber bei sich: »Ich bleib auch nicht alleine daheim.«

Er ging in den Stall, nahm Zaum und Geißel mit in den Wald. Dort fand er wieder die wunderschöne Rüstung neben dem prächtigen Schimmel. Den staubigen Lodenrock zog der Jüngling rasch aus, legte die blanke Rüstung an und bestieg dann das Pferd.

Hui, wie rannte dieses zur Felswand! Wie beim ersten Mal trug es den Reiter glücklich zur Anhöhe hinauf. Da gab es ein Jubeln und Jauchzen!

Droben eilte die Königstochter strahlend auf den geheimnisvollen Unbekannten zu, um ihn zu küssen. Der Bursche aber verstand das immer noch nicht. Er stieß die Prinzessin fort, sprengte spornstreichs über die Wand hinunter und wollte in den Wald eilen.

Da wurde er aber aufgehalten, denn der König hatte eine Reihe starker Wachen aufgestellt. Ihnen war befohlen worden, den fremden Ritter um keinen Preis fortzulassen. Der König selbst stand bei den Wächtern. Der Reiter war bald umringt. Als der Fremde dennoch alle Kräfte aufbot, um durchzukommen, und mit der Geißel rechts und links Hiebe verteilte, wurde der junge Mann selbst am rechten Fuß verwundet. Endlich schien der Ritter nachgeben zu wollen. Er rief nach einem Verband.

Da nahm der König sein eigenes Sacktuch und versorgte damit die Wunde des Siegers. Wie der Hansl aber bemerkte, dass die Wächter sich etwas zerstreut hatten, trieb er sein Pferd erneut an. So entkam er abermals.

Da hatte der König das Nachsehen, denn niemand konnte den flüchtigen Reiter mehr einholen. Der Bursche sprengte über Stock und Stein in den Wald. Dort nahm er das Zaumzeug an sich, legte die Rüstung ab und zog seinen alten Lodenrock an. Daheim trug er Zaum und Geißel in den Stall. Bald wühlte der Aschentagger wieder in der Asche am Herd in der Küche.

Als seine Brüder vom Spiel zurückkamen, erzählten sie die ganze Geschichte. »Wer ist wohl der dumme Ritter, der immer vor der Prinzessin davonläuft? Den möchte ich kennen!«

Der jüngste Bruder dachte sich: »Ich wüsst schon, wer's ist.« Doch der Einfältige spielte weiter in der Asche, als ob er ihre Rede nicht verstanden hätte.

Die Königstochter war über das Entfliehen des schönen Ritters ganz untröstlich. Sie bat ihren Vater eindringlich, er sollte ihr den Bräutigam nicht entkommen lassen.

Da ernannte der König eine Kommission, die musste landaus, landein alle Burschen besuchen. So sollten sie den verwundeten Ritter finden.

Die mit diesem Auftrag betrauten Männer kamen auch in das Haus der drei Brüder. Sie schauten sich die älteren beiden genau an. Doch da fanden sie keine Wunde und keine Schramme. Als die Sucher fragten: »Ist noch jemand hier zuhaus?«, hieß es, »Ja, ein Dummling«.

Sie wurden in die Küche geführt, wo Hansl wie immer auf dem

Herd saß. Als die Männer den Kerl sahen, dachten sie sich, der ist's doch nicht, und wollten gleich wieder gehen. Aber es fiel ihnen ein, dass sie den strengsten Befehl hätten, keinen auszulassen. Deshalb kehrten sie um, auch den jüngsten Bruder zu untersuchen. Und siehe – als sie seinen schäbigen Rock aufhoben, schaute ihnen das Sacktuch des Königs entgegen!

Staunend packten sie den staubigen Aschentagger, um ihn zum König und zur Königstochter zu bringen. Als aber diese den schmutzigen Hansl erblickte, fing sie an zu weinen und zu klagen: »Nein, der ist's nicht! Nein, den mag ich nicht!«

Da fragte sich der König: »Was ist nun zu tun? Ich habe den Reiter überall suchen lassen. Jetzt, wo er gefunden worden ist, mag ihn meine Tochter nicht.«

Wie er so hin und her überlegte, fiel ihm ein Ausweg ein. Es hielt sich damals in einem nahen Wald eine furchtbare Schlange auf, die Vieh und sogar Menschen verschlang. Deshalb sagte nun der König zum Bräutigam: »Du musst noch eine Probe deiner Ritterlichkeit ablegen, wenn du meine Tochter zur Ehefrau haben willst. Besiege die Schlange im Wald, die weit und breit alles Land verheert. Ich werde selbst kommen, um deinem Kampf zuzusehen.«

Der Aschentagger war nicht faul. Er ging heim, um sein spanisches Stäbchen aus dem Stall zu holen. Dann wanderte der Bauernsohn munter in den Wald hinaus. Dabei blies er auf einer Schwegelpfeife ein lustiges Lied. So wanderte der Bursche lange fort. Endlich kam die fürchterliche Schlange. Sie stürzte zischend auf ihn los. Hansl wich ihr aus und schlug mit dem Stock auf das giftige Tier. Glaub es oder glaub es nicht: Die Schlange war auf der Stelle mausetot! Als der König das sah, war er voller Freude, dass sein Schwiegersohn so tapfer ist.

Allein die Königstochter weinte und jammerte immer noch. Sie wollte von diesem Jüngling nichts wissen. Da sprach der König zu ihr: »Der Mann hat die Spiele gewonnen und die Schlange besiegt, du musst ihn zum Bräutigam nehmen.«

Hansl sollte nun am Hof leben. Doch die Prinzessin weinte Tag und Nacht, sodass es dem Aschentagger zu arg wurde.

Nach einigen Tagen ging er heim, holte dort im Stall Zaum und Geißel. Dann ging er wieder in den Wald hinaus. Dort fand er den schönen Schimmel und die silberne Rüstung. Der Bursche zog nun den Rock aus, legte die glänzende Rüstung an und bestieg das Ross. Damit sprengte der Bauernsohn spornstracks zum Königshof zurück.

Als der Reiter in die Burg einritt, stand die Prinzessin gerade am Fenster. Sie sah den herrlichen Ritter gleich. Vor Freude fast außer sich, rief sie: »Mein Bräutigam, mein Bräutigam kommt!«

Sie eilte ihm entgegen, küsste und begrüßte ihn zärtlich. Mit einem Mal gefiel das dem Hansl so, dass er sie wieder küsste und gar kein Ende finden wollte. Noch am nämlichen Tag hielten die beiden Hochzeit. So war nun der Aschentagger eines Königs Schwiegersohn und Erbe geworden.

(nach Zingerle gehört bei Absam)

Die verstorbene Gerechtigkeit

PRÄCHTIG WAR DER Hof des Bauern, von dem dieses Märchen erzählt, nicht, aber doch wohlbestellt und grad recht für ihn und die Seinen.

Zu jener Zeit lebte auch ein gewaltig reicher und mächtiger Graf in der Nähe. Dieser kam einmal auf einem Spazierritt zu jenem Bauernhof, und er gefiel ihm sehr. Der hohe Herr besichtigte deshalb das ganze Gehöft. Dann ritt der Graf vor das Haus hin, wo eben der Bauer, dem das Anwesen gehörte, unter der Haustür stand.

Der Graf grüßte ihn freundlich, stieg vom Ross und sprach: »Guter Mann, möchtest du mir nicht deinen Hof verkaufen? Ich würde ihn sehr gut bezahlen.«

Der so Angesprochene brauchte diese Frage nicht lange zu überdenken und antwortete prompt: »Euer Gnaden, nichts für ungut. Aus dem Handel wird nichts. Auf diesem Hof lebten schon meine Vorfahren. Auch ich will hier meine alten Tage zubringen. Nein, ich verkauf den Hof nicht!«

Der Graf aber hatte in seinem ganzen Leben noch kein Nein hinnehmen müssen. Er bekam oder nahm sich immer, wonach ihm der Sinn stand, ohne nach Recht und Billigkeit zu fragen. Verärgert meinte er: »Ich will dir bis morgen Bedenkzeit lassen. Überleg es dir gut.« Dann sprengte er wütend davon.

Der Bauer aber blieb dabei, schüttelte den Kopf und dachte sich: »Aus dem Handel wird nun einmal nichts.«

Am folgenden Tag kam der Graf schon in aller Früh dahergeritten. Ohne abzusteigen fragte er den Hofherrn nach seinem Entschluss. Da antwortete dieser: »Euer Gnaden, ich habe meine Entscheidung getroffen. Es ist ein Erbhof, und ich bleibe hier. Aus diesem Handel wird nichts.«

Da wurde der Graf böse und rief: »Ich frage dich noch ein letztes Mal, ob du dein Anwesen gutwillig hergeben willst. Wenn nicht, so bekomme ich es doch!«

Der Bauer schüttelte jedoch seinen Kopf: »Ich bleibe bei meinem Wort: Den Hof verkauf ich nicht!«

Nun sprengte der Graf voller Zorn davon. Er ritt geradewegs zu einem Advokaten in die Stadt. Diesen bestach er mit Gold und ließ dem Bauern einen Prozess anhängen.

Der Advokat ließ nun auch die Richter wissen, dass der Graf steinreich sei und ihre Gunst sehr schätzen würde. Die Richter lockte das Geld, deshalb hielten sie zum Grafen und versprachen, den einfachen Mann mürbe zu machen.

Sie ließen den armen Kerl durch den Gerichtsdiener herbeiholen. Dann fragte der Advokat ihn, ob er seinen Hof verkaufen wolle oder nicht. Als der Bauer ein entschiedenes Nein erwiderte, wurde eine lange schwer verständliche Klageschrift verlesen. Dann wurde dem Armen mitgeteilt, dass er einen Prozess gegen den Grafen gewinnen müsse, um seinen Hof zu behalten.

Der einfache Mann war ratlos und wusste sich nicht zu helfen. Was blieb ihm übrig? Er konnte sich auch keinen Rechtsgelehrten leisten. Der Graf hingegen hatte einen gewieften Advokaten. Da wurde nun hin und her prozessiert.

Sie riefen den Bauern oft in die Stadt und übertölpelten ihn ein ums andere Mal. Binnen kurzem war er ganz verschuldet. Die Richter entschieden gegen ihn, sodass er vom Zuhaus fort musste. Nicht mehr als hundert Gulden blieben ihm von Haus und Hof.

Da machte der sture Bauer den Richtern bittere Vorwürfe.

Er rief: »Wenn auf Erden keine Gerechtigkeit mehr ist, so lebt doch noch im Jenseits ein Richter, der euch finden wird.«

Da lachten die Herren nur. Einer sagte ihm sogar ins Gesicht: »Die Gerechtigkeit ist ja schon lange gestorben.«

Der Betrogene ging schweigend aus dem Gericht hinaus, geradewegs zum Pfarrer. Dieser kannte den Mann schon lange. Er rief ihm freundlich zu: »Grüß dich Gott, mein Freund! Kommst du auch einmal in die Stadt, mich zu besuchen?«

»Ja«, antwortete dieser, »aber in einer sehr traurigen Lage.«

Dann erzählte er dem Kirchenvater die ganze Geschichte.

Er schloss mit den Worten: »Jetzt hab ich nur noch hundert Gulden, und die geb ich dir. Es ist grad so viel Geld, wie man bei euch in der Stadt zahlen muss, wenn man die große Glocke für einen Verstorbenen läuten lässt. Da hast du's, und jetzt läute der Gerechtigkeit die Totenglocke. Aber läute recht lang.«

Der Pfarrer nahm das Geld. Er ging mit seinem Knecht in den Turm und läutete die große Glocke. Das tat er in seinem mitfühlenden Zorn und auch weil hundert Gulden nicht wenig sind eine sehr lange Zeit. Da gab's nun in der Stadt ein Gefrage und Gerede, wer denn gestorben sei. Es müsse eine wichtige Persönlichkeit sein, wenn so lange geläutet wird. Doch niemand wusste, um wessen Tod es ging. So wurde die Neugierde immer größer.

Auch der König, der in derselben Stadt seine Residenz hatte, erkundigte sich, wer denn gestorben sei. Doch nicht einmal er brachte es in Erfahrung. Da schickte er einen Läufer zum Pfarrer und ließ ihn fragen, für wen man so lange geläutet habe.

Der Geistliche sprach: »Für die Gerechtigkeit.«

Mit dieser Antwort eilte der Läufer zum König zurück. Wie der Herrscher das hörte, wurde er rot vor Zorn.

Er rief: »In meinem Reich ist die Gerechtigkeit noch lange nicht gestorben. Sie schläft nur zuweilen. Aber ich will sie wecken.«

Dann ließ er den Kirchenvater selbst herbeiholen. Er fragte ihn, wer die große Glocke für die verstorbene Gerechtigkeit habe läuten lassen.

Die Antwort lautete: »Eure Majestät, das war der Mann, der früher Schauferle-Bauer hieß.«

Eilends wurde nun der Bauer geholt, denn der König wollte alles von ihm selber hören.

Da erzählte dieser, wie der Graf ihn um Haus und Hof gebracht hatte, weil die Gerechtigkeit nicht mehr lebe.

Der König war nun voller Zorn über die Richter, den Advokaten und den Grafen.

Er machte kurzen Prozess und gab dem Bauern sein Eigentum sogleich zurück. Dann ließ er den Grafen, den üblen Advokaten und die bestochenen Richter rufen und die Sache genau untersuchen. Schließlich verurteilte der gute König alle zum Tod. Sie wurden in Gestalt einer Glocke aufgehängt, und in ihrer Mitte zappelte der Graf. Seitdem aber kam die Gerechtigkeit wieder zum Leben und die Richter sprachen so Recht, wie es sich geziemt.

(nach Zingerle mündlich bei Reutte)

Die drei goldenen Drachenfedern

REICH WAR DER Wirt, von dem dieses Märchen erzählt, denn er salzte seine Preise ebenso wie seine Speisen. Obendrein hatte er eine wunderschöne Tochter. Neben dem gut gehenden Wirtshaus wohnte in einer gepachteten Hütte ein armer Holzhacker mit seinem Sohn.

Der Junge war ein lebensfroher Bursche und immer guter Dinge. Er war nicht nur der schönste junge Mann im ganzen Dorf, sondern außerdem noch jeden Tag zur Arbeit aufgelegt. Sein Tagwerk ging ihm leicht von der Hand, war ihm eine Lust und Freude. Nur wenn er die Nachbarstochter, die Liese sah, dann standen ihm die Gedanken still. Er hörte auf zu singen, zu pfeifen und sogar zu arbeiten, seine klaren Augen verdunkelten sich, denn er war bis weit über beide Ohren in sie verliebt.

Zwar erwiderte die schöne Wirtstochter seine Gefühle, doch es war klar, dass ihr geldgieriger Vater einem so bettelarmen Schwiegersohn niemals seinen Segen geben würde.

Eines Tages sprachen sich die beiden ab. Selbst das Unwahrscheinlichste muss einmal versucht werden, bevor wir wissen, ob es tatsächlich unmöglich ist.

So gingen sie mit ihren Wünschen zum Wirt.

Doch der Vater hieß die Tochter nur ein dummes Ding. Er warf sie gleich hinaus. Zu dem Freier aber sagte er spöttisch lachend: »Du kriegst sie an dem Tag, an dem du mir drei goldene Drachenfedern bringst.«

Es hauste nämlich zu jener Zeit ein Stück weit von dort entfernt ein grimmiger Drache mit goldenen Federn, der jeden verschlang, der ihm zu nahe kam.

Der Wirt hatte diese Bedingung so dahingesagt, wie einer, der meint: »Eher friert die Hölle zu!« Doch der junge Holzhacker ging mit dieser Antwort hinaus, als ob nun alles seine Ordnung hätte. Unverzagt packte er sein Bündel und machte sich sogleich auf den Weg zum Schloss des Drachen, das in einem dunklen Wald lag.

Unterwegs kam er an einem schönen Haus vorbei. Vor der Tür saß auf einer Bank ein alter Mann, dem liefen Tränen übers Gesicht. Der Boden zu seinen Füßen war schon ganz nass, so lange weinte er. Der Vorübergehende fragte ihn mitleidig nach dem Grund seines Kummers.

»Ach, meine Tochter ist schon viele Jahre krank. Jetzt wartet der Sensenmann am Kopfende ihres Bettes. Keiner weiß, was ihr fehlt, niemand vermag ihr zu helfen. Es heißt, der Drache mit den goldenen Federn wüsste ein Heilmittel, aber wer wird den schon fragen gehen?«

Da meinte der mutige Wanderer: »Ich bin auf dem Weg dorthin. Wenn es irgend möglich ist, dann werde ich fragen, was deiner Tochter Rettung bringt.«

Von Herzen wünschte der Alte dem Jüngling nun Glück auf seinem Weg.

Dieser ging weiter. Nach einiger Zeit sah er auf einer satten grünen Wiese viele Menschen um einen Apfelbaum versammelt. »Gefällt euch denn der Baum gar so gut, dass ihr alle hinaufschaut?«, fragte der Holzhackersohn im Vorbeigehen.

Mit ernsten Gesichtern drehten sie sich um. Einer meinte: »Ja, früher hat er uns wohl gefallen, denn da trug er goldene Äpfel. Jetzt aber treibt er schwarze Blätter und sonst nichts. Allein der Drache mit den goldenen Federn wüsste, was dagegen zu tun ist.«

Als der Wanderer erzählte, er sei eben dorthin unterwegs, versprachen sie ihm eine hohe Belohnung, wenn er ihnen einen Rat brächte. Sie erwarteten aber nicht wirklich, ihn lebend wiederzusehen.

Nach der Wiese kam der Holzknecht in einen finsteren Wald. Die Bäume standen dicht. Eine klamme Nebeldecke hatte sich über alles gelegt. Es dauerte einige Zeit, dann erreichte der Jüngling einen breiten, dunklen Fluss. Es hätte kein Hinüberkommen gegeben, wäre da nicht ein alter Fischer gewesen, der die Leute in einem kleinen Kahn übersetzte. Beim Rudern jammerte der Fährmann, dass er schon viel zu lange diese eintönige Arbeit verrichte und nie abgelöst werde.

Da meinte der Fremde, auch ihm könnte der Rat des Walddrachens vielleicht weiterhelfen. Der Fischer fing fast zu weinen an, weil er sich um das junge Leben des Burschen sorgte. Aber er war doch auch froh über die Hoffnung auf Erlösung und versprach dem unerschrockenen Wanderer eine schöne Belohnung.

Unbeirrbar ging der verliebte Brautwerber weiter, bis er ein großes Schloss erreichte. Die strahlende Pracht dieses Palastes blendete ihn fast. Das war der Wohnort des Drachens mit den goldenen Federn. Dieser hatte eine freundliche Frau, die niemandem ein Leid, sondern nur Gutes tat. Der Holzknecht erzählte ihr von seiner Liebe zur Liese und von den Begegnungen am Weg.

Da gefiel ihr die ganze Geschichte und der Bursche so gut, dass sie versprach, die Sache selbst in die Hand zu nehmen. Sie versteckte den Gast unterm Bett.

Erst spät in der Nacht kam der fürchterliche Drache nach Hause.

Er war noch wilder als sonst und schrie gleich zornig: »Ich schmeck', ich schmeck' Christenfleisch!«

Doch seine Frau trat ihm mutig entgegen: »Ach was, das bildest du dir nur ein!«, behauptete sie fest.

Zur großen Erleichterung des Lauschers unterm Bett ließ der Drache es so gelten. Dann tat die Frau ihrem Drachenmann recht schön. Unter sanften Worten streichelte sie ihn eine Zeit lang. Da wurde dieser ganz zufrieden und ruhig. Nach einer Weile gingen die ungleichen Eheleute zu Bett.

Bald schnarchte der Drache in tiefem Schlaf. Die kluge Frau aber war wach geblieben. Blitzschnell riss sie ihrem Gemahl mit einem Ruck eine seiner goldenen Federn aus.

Wutentbrannt fuhr der Drache auf und schrie zornig: »Wer hat ein Recht, mich zu zupfen und zu rupfen?«

Sie warf rasch die Feder unters Bett, wo der Holzknecht sie in seiner Tasche verschwinden ließ, und sagte wie eben erst erwacht: »Sei mir nicht böse! Ich hatte einen so üblen Traum, es muss mir wohl im Schlaf passiert sein, dass ich dich rupfte.«

»Was war das für ein Traum?«, fragte das Untier neugierig.

»In meinem Traum weinte ein alter Mann um seine kranke Tochter. Niemand weiß, was ihr fehlt und auch nicht, was ihr helfen könnte.«

»Ach«, antwortete der Drache, »ich kenne den, von dem du da geträumt hast. Der Vater müsste nur die Hostie, die jemand unter dem Bett seiner Tochter versteckt hat, wegschaffen. Dann wäre sie schnell wieder gesund.«

Da schloss die Frau beruhigt die Augen. Der Gast unterm Bett aber hatte genau zugehört und sich die Worte wohl gemerkt. Der Drache schlief bald wieder ein. Nun riss ihm seine Frau die zweite Feder aus und gab sie schnell dem lauschenden Holzhacker.

»Wer hat ein Recht, mich zu zupfen und zu rupfen?«, schnaubte der zornige Drache noch wütender als zuvor.

»Ach«, seufzte die Frau leise, »diesmal habe ich von einem Apfelbaum geträumt, der auf einer grünen Wiese steht. Früher trug er goldene Äpfel, doch jetzt treibt er nur noch schwarze Blätter aus. Da bin ich so erschrocken, dass ich dich wohl gezupft haben muss.«

Der Drache mit den goldenen Federn beruhigte sie: »Auch dieser Traum hat seine Wurzeln in der Wirklichkeit. Ich kenne jenen Baum. In der Erde unter seinem Stamm hat sich eine üble Schlange verkrochen. Sie müsste ausgegraben werden, dann würde er wieder goldene Früchte tragen.«

Mit diesen Worten drehte das Ungetüm sich um und schlief gleich wieder ein.

Jetzt ging's aufs Letzte. Die kluge Frau riss mit einem Ruck nun auch die dritte Feder aus.

»Kruzitürken! Wer rupft und zupft mich so?«, schrie der Drache nun.

Die unerschrockene Frau aber hielt ihn fest und klagte: »Das muss wohl wieder ich gewesen sein mit meinen bösen Träumen. Diesmal war da ein alter Fischer, der seit vielen Jahren die Leute über den Fluss führen muss und niemals frei wird.«

Da schnaubte der Drache: »Der Fährmann sollte nur dem Ersten, der zu ihm kommt, sein Ruder in die Hand drücken und davonlaufen, dann wär er frei, der dumme Alte.«

Er drehte sich um und schnarchte: »Lass mich jetzt bloß in Ruh mit deinen Träumen. Wenn du mich noch einmal rupfst und zupfst, dann beiß ich oder zerreiß ich dich.«

Darauf schliefen beide ganz tief ein. Der Lauscher unterm Bett schlich sich noch ehe der Morgen graute ganz sachte und dankbar davon.

Als er zur Fischerhütte kam, war der Fährmann überglücklich, den Burschen lebendig wiederzusehen.

»Nun, was hast du mir zu sagen?«, fragte er ihn sogleich.

Aber der Wanderer verriet erst am anderen Flussufer den Rat des Drachen mit den goldenen Federn. Er wollte ja nicht, dass der Fischer ihm selbst das Ruder in die Hand gäbe, denn er sehnte sich schon sehr nach seiner lieben Liese. Der Fährmann schenkte dem Holzknecht einen Sack mit Silber zum Dank.

Der tapfere junge Bursche wanderte nun weiter durch den finsteren Wald. An der satten grünen Wiese fand er auch an diesem Tag viele Leute um den Baum versammelt.

Einer meinte freundlich: »Bist wohl nicht bis zum Drachen gekommen? Es ist keine Schande umzukehren!«

Er aber erzählte gleich von der Schlange unter den Wurzeln. Sie gruben ein Stück und befreiten den Baum von dem üblen Wurm. Dann schenkten sie dem Fremden einige Säcke Gold und Silber zum Dank für seinen Rat.

Dieser wanderte freudig weiter, bis er zu dem traurigen Vater kam. Die Tochter war über Nacht dem Tod noch ein Stück näher gerückt. Rasch berichtete der Holzknecht, was er wusste. Sobald der Vater die Hostie entfernt hatte, wurden die Wangen der Kranken wieder rosig. In seiner Dankbarkeit schenkte er dem Burschen seinen ganzen Reichtum. »Denn«, so meinte er, »kein Geld der Welt wiegt mehr als die Gesundheit meines Kindes!«

Nun kam der Brautwerber als reicher Mann nach Hause zurück. Alle waren froh, ihn lebend wiederzusehen, am meisten aber freute sich die Liese. Sie konnte kein Auge von ihm abwenden und hielt ihn immer strahlend bei der Hand. Als ihr Vater die drei goldenen Federn und die mitgebrachten Schätze sah, hatte er mit einem Male gar nichts mehr gegen die Heirat einzuwenden.

Die jungen Brautleute luden alle Verwandten und Freunde zur Hochzeit ein. Es war ein Fest der Fröhlichkeit. Die Glücklichsten dort aber waren die schöne Liese und ihr Liebster.

(nach Zingerle mündlich aus dem Zillertal)

Zistel im Körbel

NICHTS ALS DIE Lumpen, die sie am Leibe trug, besaß ein armes Mädchen. Die Eltern waren alle beide gestorben und hatten nur Schulden hinterlassen.

Das Waisenkind musste aus der väterlichen Hütte fort, denn die wurde verkauft, um Gläubiger zu bezahlen. So wusste die Arme nicht aus noch ein.

Weinend wanderte sie in den dunklen Wald hinein, in dem sie früher oft Himbeeren gepflückt und Schwämme gesucht hatte. Das Mädchen dachte sich, wenn ich bei den Menschen kein Daheim mehr habe, dann werde ich vielleicht bei den Hasen und Rehen leben können.

Als sie immer tiefer in den dunklen Wald ging, wurde es langsam Abend. Alte Föhren und Fichten warfen unheimliche Schatten. Ihr wurde schwer ums Herz. Eine unnennbare Furcht überkam die Wanderin. Vor lauter Angst weinte sie so heftig, dass die Tränen wie Tau auf das Heidekraut und das weiche Moos fielen.

Da stand mit einem Mal ein grün gekleideter Jäger vor ihr.

Er sprach: »Warum weinst du denn so bitterlich?«

Das Waisenkind klagte schluchzend: »Weil ich nichts habe als meinen Hunger und es hier so unheimlich ist!« Bei diesen Worten musste sie noch heftiger weinen als zuvor.

»Beruhige dich!«, meinte der Jäger tröstend. »Wenn es nur das ist, so kann dir bald geholfen werden. Komm mit und du wirst Wunderdinge sehen. Vertraue mir, es wird dich nicht reuen.«

Das Mädchen glaubte dem Fremden und folgte ihm. Dieser ging, ohne ein Wort zu sprechen, immer weiter in den dunklen Wald hinein. Vor einer riesigen, moosüberwachsenen Eiche blieb er stehen. Dieser Baum hatte schon hunderte Male Blätter ausgetrieben und wieder fallen gelassen, zahlreiche Stürme, Winter und Sommer gesehen. Seine Wurzeln reichten so tief in den Boden, dass er dort Wasser trank, das nie ein Mensch kosten würde.

»Liebes Kind«, sagte der geheimnisvolle Jäger nun. »Wir sind da. Lass dich trösten. Weine nicht mehr!«

Das Mädchen wischte sich noch zwei große Tränen aus den Augen und stand dann neugierig still.

»Graue Eiche, öffne dich!«, sprach der Jäger mit lauter Stimme.

Wirklich! Wie durch Zauberei tat sich der breite Stamm auf. Im Innersten des Baums glitzerte, glänzte und schimmerte es wie Sonne, Mond und Sterne auf einem Haufen. Da waren wunderbare Kleider, goldene und silberne Münzen sowie prächtige Edelsteine. Alles funkelte und leuchtete wie um die Wette.

Das Waisenkind wusste nicht, wie ihm geschah. Noch nicht einmal im Traum hatte sie sich solche Schätze vorstellen können, ja nicht einmal in Geschichten davon erzählen gehört. Vor lauter Staunen standen ihr Mund und Augen weit offen.

Da sprach der Jäger: »Wenn du es vor den Menschen da draußen geheim hältst und dir meinen Namen merkst, ist das alles nun eine Zeit lang dein. Du kannst dir davon nehmen, so viel du willst.«

Das Kind meinte, den Namen werde sie sich schon merken, wenn sie ihn nur erst wüsste.

Da sagte der Jäger: »Ich heiße Zistel im Körbel.«

»Zistel im Körbel«, flüsterte das Mädchen vor sich hin, um sich den sonderbaren Namen recht sicher einzuprägen.

»In sieben Jahren werde ich wiederkommen. Bis dahin kannst du dir vom Baum holen, was du willst und brauchst. Komme ich aber und du kannst mir meinen Namen nicht mehr nennen, dann wirst du höchst unglücklich werden. Gebrauche die Schätze klug, denn davon hängt dein Glück ab.«

Noch ehe die Waise dem Jäger danken konnte, war er schon verschwunden. Die Eiche hatte sich wieder geschlossen. Ernst und ruhig wie alle anderen Bäume stand sie da. Nur in den Zweigen spielte hin und wieder ein Lüftchen. Das Kind wusste nicht recht, ob das alles nun Wirklichkeit oder ein Traum gewesen war. So versuchte es vorsichtig: »Graue Eiche, öffne dich!«

Wirklich, der Baum tat sich auf und zeigte wieder alle seine Herrlichkeit wie vorher. Da nahm die Arme sich eine Silbermünze. Der dicke Stamm schloss sich wieder. Die Eiche stand da, als ob nichts geschehen wäre.

Es fing schon an dunkel zu werden, so dachte sich das Mädchen: »Hier im Wald kann ich doch nicht übernachten. Ein Bär oder ein Wolf könnte mich fressen.«

Sie sah sich noch einmal den Baum an, merkte sich genau den Platz, auf dem er stand, und ging in eine Richtung, in der es lichter schien. Bald kam sie auf eine schöne, breite Straße. Das Mädchen flüsterte im Weitergehen immer »Zistel im Körbel, Zistel im Körbel« vor sich hin. Am Ende des Weges stand ein großes, schönes Schloss, in dem es lustig zuging.

Die Wanderin war müde und vor allem hungrig. Sie fasste sich ein Herz und ging in den Hof. Mehr ihrer Nase als den Augen folgend lief sie über die Stiege hinauf bis zur Küche. Dort waren alle gerade mit dem Abendessen beschäftigt. Der Braten brutzelte, dass es eine Lust war. Die Köchin des Grafen war in der Küche Königin. Sie sah das schmutzige Mädchen, das sich schüchtern dem Herd näherte und um eine Nachtherberge oder einen Dienst bat. Die

Köchin musterte die Fremde einmal schnell vom Kopf bis zu den Zehenspitzen und fing an zu schimpfen: »Pack dich fort aus meiner sauberen Küche! Wir können hier keine so garstige Bettlerin gebrauchen.«

Die arme Waise hatte einen knurrenden Magen, so fing sie an zu weinen, zu bitten und zu flehen.

Da wurde die Wirtschafterin doch noch weich. Als wahre Köchin sah sie im Grunde ihres Herzens nicht gerne jemand Hunger leiden: »Wenn es sein muss«, seufzte sie, »dann kannst du die Hühner hüten. Das heißt aber früh aufstehen, spät niederlegen, wie die Hennen selber. Schlafen musst du im Hühnerstall, schmutzig wie du bist. Gib gut acht, denn geht auch nur ein Tier verloren, dann wirst du aus dem Schloss gejagt.«

Das Waisenkind war damit ganz zufrieden. Es ging hinunter in das Hühnerhaus. Noch an diesem Abend trieb es die Hähne, die Hennen und die Hühnchen zusammen. Nachts schlief es dort im Stall. Frühmorgens ließ das Mädchen dann die Herde wieder hinaus.

Den ganzen Tag flüsterte es beim Hüten immer wieder leise vor sich hin »Zistel im Körbel, Zistel im Körbel«. Abends brachte sie die Hähne, die Hennen und die Hühnchen wieder ein und schlief in ihrer Mitte auf dem Stroh.

So ging es eine gute Zeit. Das Mädchen fühlte sich wohl. Es dachte oft an die graue Eiche und an den »Zistel im Körbel«.

Dann kam der Sonntag. Die Glocken klangen von allen Seiten, die Menschen machten sich fein, um im Sonntagsstaat in die Kirche zu gehen. Der Hühnermagd wurde weh ums Herz, als sie die schönen Kleider der Kirchgänger sah. Sie selbst stand ganz allein und schmutzig im grauen Kittel da. Da kam ihr die uralte Eiche in den Sinn. Kurz entschlossen lief das Mädchen schnurstracks in den Wald hinaus, bis sie beim Wunderbaum war.

Dort sagte sie: »Graue Eiche, öffne dich!«

Der Stamm ging auf. Innen waren die schönsten Kleider, die es je auf dieser Erde gab. Das Mädchen nahm eines, das wie die Sonne zu Mittag leuchtete, wusch sich am Bach, zog es an und ging in die Kirche zur Messe. Die junge Frau kam gerade recht zum Gloria.

Als die Leute die Fremde in ihrem Sonnenkleid sahen, machten sie ihr ehrerbietig Platz, als ob sie eine Gräfin sei. Es tat sich eine Gasse in der Menge auf, sodass die Fremde gar nicht anders konnte, als bis zum Betstuhl des Grafen zu gehen. Dort kniete sie sich neben ihn und betete.

Der Graf war ganz verzaubert. Er hörte kaum noch die Worte des Pfarrers, sondern schaute die unbekannte Nachbarin wieder und wieder an. Sie schien ihm schön wie die Sonne selbst und ihre Augen leuchteten noch mehr als das goldene Kleid.

Als die Messe vorbei war, eilte die Jungfrau als Erste aus der Kirche. Ihr Kleid rauschte und sie verschwand im Wald. Dort zog sie das schimmernde Gewand aus und das arme, schmutzige graue Kittelchen wieder an. Als Hennenmagd kehrte sie zum Schloss zurück.

Doch der Graf hatte seit der Sonntagsmesse keine frohe Stunde mehr. Es fehlte ihm etwas, aber er traute sich nicht zu sagen, was es war. Er schaute oft viertelstundenlang zum Fenster hinaus, ohne etwas zu sehen. Die Wochentage schienen ihm zu langsam vorbeizugehen, denn er sehnte sich nach der Messe.

Endlich kam wieder der Sonntag. Die Glocken läuteten, da ging das arme Mädchen in den tiefen Wald hinein bis zur Eiche.

»Graue Eiche, öffne dich!«, sprach sie.

Der riesige Baum tat sich auf, sodass sie ins Innerste sehen konnte. Wie beim letzten Mal waren da die schönsten Kleider. Es gab

eines, das glänzte so licht und blass-silbern wie der volle Mond, wenn er am klaren Abendhimmel steht. Das gefiel der Jungfrau vor allen übrigen. So wusch sie sich im kalten Bach, zog das Gewand an, nahm auch noch einen Beutel mit Silbermünzen mit und eilte in die Kirche.

Als die schöne junge Frau im Mondkleid kam, machten alle Platz, sodass sie wieder bis zum Betstuhl des Grafen ging. Sie kniete sich hinein.

Der Graf sah die Schöne im Mondkleid an und konnte keinen Blick von ihr wenden. Am Ende der Messe winkte er seinen Bedienten, der Unbekannten zu folgen und sie nicht wegzulassen. Als seine Nachbarin mit raschelndem Kleid aufbrach, machte sich die Dienerschaft auf und folgte ihr auf dem Fuß. Die Fremde lief aus Leibeskräften, doch vergebens. Als sie sah, dass kein Entkommen möglich sei, warf das kluge Mädchen aus ihrem Beutel blanke Münzen hinter sich. Die Diener machten sich gierig über den Silberregen her, denn sie dachten sich: »Das kann uns keiner nehmen, und wenn uns der Graf entlässt, werden wir auch anderswo Arbeit finden.«

Das Mädchen entkam zur grauen Eiche, zog das wundersame Mondkleid aus und den schmutzigen, grauen Armenkittel an. Dann kehrte sie als Hennenmädel zum Schloss zurück, wo sie wieder die Hähne, Hennen und Hühnchen auf dem Wiesengrund hinter dem Turm hütete.

Der junge Graf aber hatte nun gar keine Ruhe mehr. Die schöne Jungfrau im blassen Mondkleid fehlte ihm. Er wurde so verstimmt und unzufrieden, dass sein Antlitz, das früher wie eine Rose geblüht hatte, ganz verwelkte. Seine Augen verloren den Glanz. Oft standen ihm Sorgenfalten auf der Stirn. Stundenlang war er oben auf dem Söller und schaute in die blaue Ferne. In Gesellschaften wusste er kaum, wovon gesprochen wurde. Die Woche schien ihm gar kein Ende nehmen zu wollen, so langsam vergingen für ihn die Tage.

Endlich kam der Sonntag und die Glocken läuteten zur Messe. Der Graf ging voll Erwartung in die Kirche. Das Hennenmädchen aber lief wieder in den Wald hinaus zur grauen Eiche, wusch sich an der klaren Quelle und rief schnell: »Graue Eiche, öffne dich!«

Der Stamm ging auf. Diesmal nahm sich die Jungfrau das Sternenkleid. Es war von dunklem Samtblau und voller golden glänzender Sterne. Es schien, als ob diese Sterne sich sachte bewegten. Ebenso wie es oben am Nachthimmel ist, schimmerten sie einmal mehr in leuchtendem, dann wieder eher im milden Licht. Die Hennenmagd steckte sich noch viele Goldstücke in die Taschen und eilte zur Messe.

Es erklang schon das Gloria, als die schöne Jungfrau sich im lichten Sternenkleid an die Seite des Grafen kniete. Dieser war mit einem Male wieder froh. Er sah nur die Fremde an im schimmernden Kleid und konnte keinen Blick von ihr wenden, denn er meinte, noch nie etwas Schöneres gesehen zu haben. Es war, als säße der Sternenhimmel selbst neben ihm. Da wurde ihm das Herz so weich und warm, dass er den Grafenring von seiner Hand zog und ihn der schönen Nachbarin an den Finger steckte.

Als die Messe zu Ende war, ging die junge Frau zur Kirche hinaus. Das Sternenkleid rauschte. Da stürzten ihr auf einen Wink des Grafen die Diener nach und folgten ihr auf dem Fuß. Sie aber griff in den Beutel und warf Goldstücke aus, dass es auf dem Boden glitzerte, als hätte es goldene Flocken geschneit. Den Dienern klangen die Münzen lauter in den Ohren als die Befehle ihres Herrn. So stürzten sich alle auf die goldenen Füchse.

Das arme Mädchen im Sternenkleid entkam abermals. Es ging zur grauen Eiche, zog das schimmernde Gewand aus, schlüpfte wieder in den schmutzigen, grauen Kittel und nahm sich aber dies-

mal noch ein weiteres Kleid mit. Dann kehrte die Jungfrau als Hennenmädel zum stolzen Schloss zurück, wo sie das mitgebrachte Gewand im Stroh verbarg.

Der Graf aber hatte keine frohe Stunde mehr, so groß war seine Sehnsucht. Er sah tagtäglich blasser aus und alterte zusehends. Man holte Ärzte aus der ganzen Gegend, allein keiner konnte dem Grafen helfen. Gegen diese Krankheit ist noch nie ein Kraut gewachsen.

Freunde, die um die Sache wussten, rieten dem hohen Herrn, er solle sich aufheitern. Zu diesem Zweck wurde ein großes Mahl veranstaltet, zu dem viele lustige Gesellen geladen waren. Am Tag der Feier gab es in der Küche viel zu tun. Sogar das Hennenmädel musste helfen. Es sollte nun nämlich die Hühnchen und Hähnchen rupfen, die es selbst noch früh auf dem Wiesengrund draußen vor dem Schloss gehütet hatte. Sobald das fertig war, musste es beim Herd der Köchin, die gerade Kuchen buk, die Pfanne halten.

Als die Kiachln duftend aufgingen und hin und her schwammen, bekam das Hennenmädel auch Lust, einen in das brodelnde Schmalz hineinzugeben. Sie bat die Köchin um Erlaubnis, aber diese schlug die Bitte ab. Als die Hennenmagd immer von neuem bat, meinte die Köchin schließlich: »Da, von diesem kleinen Teigrest kannst du deinen Kiachl machen.«

Das Mädchen knetete den Grafenring in den Teig hinein und gab das Ganze in die Pfanne. Als der Kiachl im brodelnden Schmalz schwamm, wurde es immer größer und größer. Er ging so sehr auf, dass er schließlich das prächtigste unter allen war. Das Meisterwerk hatte auf keinem Teller Platz. Jeder staunte über den schönen Kuchen. Da ließ die Köchin diese Köstlichkeit in einer besonderen Tasse zur Tafel tragen und genau vor den Gastgeber stellen.

Als alle den Kiachl ausgiebig bewundert hatten, zerschnitt ihn der traurige Graf. Da sank er fast ohnmächtig auf den Sessel zurück. Gleich wurde die Köchin gerufen und gefragt, wer dieses Stück gebacken habe. Mit Bangen gestand die Frau, die Hennenmagd habe so lange gebettelt, bis sie ihr endlich erlaubt habe, den letzten Kiachl zu backen. Dieser sei aber so schön ausgefallen, dass er nun vor ihnen auf der Tafel läge.

Der erstaunte Graf tröstete sie freundlich und zeigte ihr den Ring. Dann befahl er, das Hennenmädel in den Saal kommen zu lassen.

»Mein lieber Himmel! Die ist ja doch so garstig und schmutzig!«, rief die Köchin aus.

»Nun, dann soll sie sich eben umkleiden!«, befahl der Graf.

Die Hennenmagd aber hatte sich inzwischen schon gewaschen. Als die Köchin ihr den Befehl des Grafen überbracht hatte, ging sie zu ihrer Schlafstatt in den Hühnerstall und zog das prächtige Kleid aus der alten Eiche an. Es war ein Morgenkleid, denn es leuchtete so frisch und strahlend wie der Himmel am frühen Tag.

Als sie in diesem Kleid in den Saal trat, war es, als ginge die Sonne auf und ein lichter junger Morgen bräche an. Niemand sah in der schönen Frau die schmutzige Hennenmagd. Der Graf erkannte sie gleich und führte sie ohne zu zögern hinauf zu seinem Platz, wo sie nun neben ihm saß. Von Stund an nannte er die Fremde seine liebe Braut. Aus dem Essen wurde ein Hochzeitsmahl, denn am Abend gingen alle in die Schlosskapelle, wo schon der Kaplan auf sie wartete, um die zwei Liebenden zu trauen.

Der Graf und die schöne Gräfin lebten nun glücklich zusammen auf dem stolzen Schloss. Sie hatten einander recht lieb und dachten an nichts anderes mehr. Bald gebar die junge Gräfin ein Mädchen, das sie zärtlich liebte.

Die Jahre gingen vorüber. Schnell vergeht die Zeit im Märchen, langsamer in unserem Leben. Eines Tages, mitten im größten Glück, kam der Frau Gräfin mit einem Mal der Fremde wieder in den Sinn, dem sie ihr Glück zu verdanken hatte. Wie erschrocken war sie, als ihr sein Name nicht mehr einfallen wollte. Die sieben Jahre waren schon bald vorüber, und die Gräfin erinnerte sich nur zu gut an die Worte des grünen Jägers, nur eben an seinen seltsamen Namen nicht. Gleich wurde es ihr schwer, recht schwer ums Herz und sie wurde von Tag zu Tag ernster, trauriger und bleicher.

Wenn sie das kleine Töchterchen auf ihrem Schoß anschaute und ihre Wangen streichelte, gingen der Gräfin die Augen über, denn sie dachte immer an das drohende Unglück. Das Mädchen weinte gleich mit, wenn es die Mutter weinen sah. Bald war alles war sehr traurig auf dem Schloss, doch niemand wusste, warum.

Der Graf forschte nach. Er tat, was er nur konnte, um seine liebe Frau aufzuheitern, küsste sie immer wieder, sang ihr Lieder vor, brachte Rosen. Die Köchin bereitete die besten Speisen zu. Aber alles war umsonst, denn nichts wollte der Gräfin mehr Freude machen. Anstatt wie früher zu singen und zu strahlen, war sie wie versteinert vor lauter Angst vor einem unnennbaren Unglück.

Eines Abends saß die Gräfin auf dem Söller und sah in den Garten hinab, wo die Gärtnerknaben arbeiteten. Morgen würden die sieben Jahre vorüber sein und sie wusste den Namen des Jägers noch immer nicht.

Wie sie lange so gesessen war und nachsann, sah sie, dass die Gärtnerjungen ihr Werkzeug packten. Die einen schulterten Schaufeln, andere trugen Rechen zusammen. Einer hatte einen kleinen Korb, in den er die ersten reifen Zwetschgen gepflückt hatte. Dieses kleine Körbchen, das auch Zistel heißt, warf er nun in seinen geflochtenen Tragkorb.

Als das die Gräfin sah, da überlief es sie heiß. »… Körbel im Korb, Zistel im Korb …«.

Plötzlich rief sie laut: »Zistel im Körbel!« und strahlte über das ganze Gesicht.

Das Mädchen freute sich mit der Mutter, ohne zu verstehen, worum es ging. Bald lachten die beiden hellauf miteinander und jubelten wie die Lerchen auf dem Feld.

Der Graf lief herein, um zu sehen, was geschehen sei. Alle staunten, doch keine lebende Seele wusste, was die Gräfin mit einem Mal so froh gemacht hatte. Weil aber das Glück nicht erklärt werden muss und alle heilfroh waren, die Schlossherrin wieder fröhlich zu sehen, lachten und freuten sie sich mit ihr, ohne zu wissen, worüber.

Am Tag darauf kam der grüne Jäger, als die Gräfin eben spazieren ging. Sie grüßte ihn freundlich und nannte ihn sogleich bei seinem Namen. Da lächelte er, legte den Finger auf den Mund zum Zeichen, dass sie keiner Menschenseele etwas von ihm sagen sollte, und verschwand.

Die Gräfin und der Graf waren noch lange recht glücklich und bekamen zwei weitere Kinder, einen Buben und ein Mädchen. So lange die Gräfin aber auch lebte, den Jäger »Zistel im Körbel« sah sie niemals wieder.

Die rätselhaften Antworten

FÜRST WAR ES keiner, der da eines Tages auf einen Bauernhof kam, aber doch ein nobler Herr. Er sah einen Bauernsohn beim Spielen dort. Weil er ihn gerade allein antraf, dachte er sich, es sei sonst niemand im ganzen Haus. Also fragte der Herr, wo denn der Vater wäre. Der Knabe schaute ihn aus wachen Augen an und sagte: »Der Vater ist auf das Feld hinausgegangen, um aus einem Schaden zwei zu machen.«

Der Herr verstand diese Worte nicht und bat, er möge sie ihm doch erklären.

Da antwortete das Kind: »Es ist so – wir haben ein Getreidefeld, durch das die Leute immer eine Abkürzung nehmen. So haben sie sich einen Pfad mitten durchs gute Getreide getrampelt. Heute ist der Vater hinausgegangen, diesen Weg mit einem Zaun zu versperren. Meinst du nicht auch, jetzt werden die Leute neben der alten Abkürzung vorbeigehen und sich eine neue bahnen? So werden dann wohl zwei Schäden aus einem gemacht.«

Der Herr staunte über die Pfiffigkeit des Knaben und sagte: »Schau, schau, das hätt' ich von dir nicht gedacht, dass du so gescheit bist. Aber jetzt sag mir, wo deine Mutter ist?«

»Die Mutter ist beim Backofen draußen. Sie bäckt das Brot, das wir die vorige Woche gegessen haben.«

»Wie ist das denn möglich, dass sie heute erst das Brot bäckt, das ihr schon gegessen habt?«

»Das hat schon seine Richtigkeit. Die Mutter hatte sich das Brot geliehen, das wir in der letzten Woche gegessen haben. Jetzt bäckt sie eines, um es zurückzugeben.«

Der Herr staunte noch mehr als das erste Mal über die kluge Antwort.

Er fragte nun weiter: »Und wo ist deine Schwester?«

»Die Schwester ist in der Kammer oben. Sie weint darüber, dass sie das vorige Jahr gelacht hat.«

Der Herr verstand wieder nicht, was damit gemeint sei. Er bat um Aufklärung.

Der Knabe erzählte ihm die ganze Geschichte: »Meine Schwester hat das vorige Jahr in Saus und Braus, in Lust und Leichtsinn dahingelebt. Jetzt weint sie immerfort über die Früchte ihres schlechten Lebens.«

Der Herr bedankte sich für die Erklärung, sagte »Behüt dich Gott!« und wanderte nachdenklich davon. Wohin er gegangen ist, das weiß der liebe Himmel.

(nach Zingerle mündlich bei Rattenberg)

Der Glasberg

KEIN SCHLOSS IST so schön wie der wilde Wald, in dem ein Jäger seine Morgen und Abende verbringt.

Es ist schon so lange her, dass wir alle damals noch mit den Schmetterlingen auf der Wiese flogen, da lebte einmal tief im Wald ein Jäger, der hatte einen einzigen Sohn, der auch ein besonders glücklicher Jäger war. Wenn der hinaus auf die Jagd ging, dann schien es, als ob alles Wild nur auf ihn warten würde und da wäre, um von ihm erwischt zu werden.

Eines Tages wollte er eben heimkehren, da sah er ein wunderschönes Reh. Das wollte er auch noch erlegen, bevor er nach Hause ging. Doch es war wie verzaubert – immer wenn er zum Schießen anlegte, war das Reh wieder hinter zehn Bäumen verschwunden. Er aber gab nicht auf und lief dem Tier eine lange Zeit nach. Auf einmal sah er einen großen, spiegelhellen See vor sich. Aus dem Wasser sprangen die Fische in die Luft, als könnten sie fliegen. Der Jägersohn schaute sich den See genau an, denn er hatte ihn noch nie gesehen. Er dachte bei sich: »Hierher komm ich nicht alle Tage.«

Da bemerkte der junge Mann, dass er nicht alleine war. Am Ufer, nicht weit von dem Platz, wo er stand, sah er drei Badende. Er glaubte, dass es Frauen waren, weil ihre langen Haare auf der Wasseroberfläche schwebten. Hinter einem Strauch sah er ihre Überkleider liegen. Diese nahm der junge Mann und lief damit davon.

Er war noch nicht weit im Wald, da kamen die drei Jungfrauen schon gelaufen und baten um ihre Gewänder. Nach langem Bitten blieb der Jägersohn stehen. Zuerst gab er der Ältesten, dann endlich auch der Zweiten das Eigentum zurück. Sobald die beiden ihre Kleider hatten, waren sie auch schon verschwunden, als ob sie der Wind vertragen hätte.

Die Dritte aber, die Jüngste gefiel dem Jüngling am besten. Sie ging ihm noch lange nach und bat ihn in einem fort um ihr Überkleid. Doch er tat, als ob er gar nichts hörte, wanderte weiter und ließ die Bittende neben sich herlaufen. Als er nach Hause kam, gab er ihr statt ihres Überkleides eines seiner verstorbenen Mutter. Ihr eigenes Gewand aber sperrte der junge Mann in einen Kasten. Auf diese Weise musste die Fremde bei ihm bleiben.

Das Mädchen war bildschön und gefiel dem Jüngling sehr. Er war auch in dem Alter, in dem einer oft ans Heiraten denkt. So setzte er sich in den Kopf, die Fremde zur Frau zu nehmen. Nun fragte der Jäger alle Leute in der ganzen Umgebung, ob sie denn etwas Näheres von dem schönen Mädchen oder von seinen Eltern wüssten. Doch keiner kannte sie, niemand wusste irgendetwas. Klar war nur, dass die Jungfrau eben achtzehn Jahre alt sein musste.

»Das ist ja gerade recht«, dachte sich der Jägersohn schließlich, »ich bin zwanzig Jahre alt, sie achtzehn, besser könnten wir nicht zusammenpassen.« Er fragte sie geradeheraus: »Magst du mich heiraten?«

Das Mädchen besann sich nicht lange und sagte einfach: »Ja.«

Nun wurde die Hochzeit vorbereitet. Der alte Jäger schmückte das Haus mit allen Hirschgeweihen, die er in seinem Leben erjagt hatte. Der Sohn aber ging in die Stadt und kaufte seiner Braut das

schönste Gewand, das er sich nur leisten konnte. Nach einigen Wochen hielten sie Hochzeit. Da wurde gesungen, getanzt und gejodelt, als wäre der Himmel voller Geigen.

Friedlich und fröhlich lebte der junge Jäger mit seiner Frau im kleinen Jägerhaus. Der alte Jäger aber blieb auch bei ihnen und hatte sie so gern, wie ein Vater seine Kinder haben soll.

Doch manchmal, wenn die Frau mit ihrem Mann alleine war, im Garten, im Wald, in der Stube oder im Ehebett, so bat sie ihn, ihr doch endlich jenes Überkleid wiederzugeben, das er ihr einst beim See entwendet hatte. Er aber wusste immer eine Ausrede – nicht jetzt, nicht heute, nicht hier ... Den Schlüssel zum Schrank, in dem das Gewand lag, behielt er ständig bei sich.

Eines Tages ging er mit seinem Vater gemeinsam hinaus in den Wald auf die Jagd. Dabei hatte er den Schlüssel zu Hause auf der Kommode vergessen. Seine Frau sah ihn dort liegen. Nun – den Schlüssel sehen, ihn nehmen, zum Schrank gehen, ihr Kleid herausholen und es sogleich anziehen war eins für die Frau. Doch kaum hatte sie es übergeworfen – husch! – war sie auf und davon.

Abends kamen die Jäger nach Hause, riefen überall nach der Frau, aber sie gab keine Antwort. Der Mann glaubte schon, es sei ihr ein Leid geschehen, und wurde ganz traurig. Doch schließlich warf er zufällig einen Blick auf den Kasten, in dem er das Kleid seiner Frau verborgen hatte. Als er den Schlüssel stecken sah, ahnte er Schlimmes. Wütend über seine eigene Unachtsamkeit riss er die Schublade auf. Mit einem Blick sah er, dass kein Kleid mehr in der Lade war, aber dafür ein Brief dort lag.

An den schönen Buchstaben erkannte er sogleich die Schrift seiner Frau. Mit klopfendem Herzen las er nun die folgenden Worte: »Wenn mich mein Mann liebt und wiederfinden will, so soll er mich auf dem gläsernen Berg suchen.«

Der Jäger besann sich keinen Augenblick, öffnete die Geldkiste, die in einer Ecke der Kammer stand, und steckte eine Menge Goldstücke zu sich, um auf der weiten Reise keine Not zu leiden. Dann ging er zu seinem Vater und erzählte ihm die ganze Geschichte von dem sonderbaren Brief und von seinem Vorhaben, die verschwundene Frau auf dem gläsernen Berg zu suchen. Der alte Mann machte freilich große Augen, aber ehe er recht zu Wort kam, hatte ihm der Sohn zum Abschied schon die Hand gedrückt und war im Wald verschwunden.

Der junge Jäger wanderte nun aufs Geratewohl bis in die späte Nacht. Als am anderen Tag der erste Vogel sang, war er schon wieder auf den Beinen und schritt mutig fort, bis es wieder stockdunkle Nacht war. So ging es nun tagaus, tagein, bald durch finstere Wälder, bald über lichte Wiesen, bald auf, bald ab, bald hin und bald her.

Der junge Wandersmann lief und lief. Sooft er in einem Haus zu Mittag aß oder übernachtete, fragte er die Leute, ob sie denn nie etwas von einem gläsernen Berg gehört hätten. Da schauten ihn die Menschen groß an. Manche meinten sogar, der junge Bursche habe sich in den April schicken lassen. Begegnete ihm auf dem Weg ein altes, runzliges Mütterchen, so war immer nach dem »Grüß Gott!« die erste Frage: »Mütterchen, wo ist etwa der gläserne Berg?« Aber keine Alte wusste, wo der gläserne Berg sei. So musste der junge Jäger wieder weiter alleine seinen Weg suchen.

Eines Tages war er lange durch einen dunklen Wald gegangen. Als es anfing zu dämmern, war er recht froh, ein Haus vor sich zu sehen. Er ging hinein, um zu bitten, ob er darin die Nacht verbringen könne. Ein Köhler wohnte dort, der fragte ihn, wohin er wolle. Der Jäger antwortete, er wolle den gläsernen Berg finden, doch bisher sei all sein Fragen und Suchen vergeblich gewesen.

Als der Mann von diesem Plan hörte, wurde er recht freundlich und höflich, gab dem Wanderer ein gutes Nachtmahl und führte ihn in ein hübsches Zimmer mit einem weichen Federbett. Kaum lag der müde Jäger darin, so schlief er auch schon knietief. Ohne auch nur ein einziges Mal aufzuwachen, ruhte er, bis der helle Tag in die Kammer schien. Dann machte er sich wieder reisefertig und ging zu dem Köhler, um ihm für die Gastfreundschaft zu danken.

»Mein lieber Mann«, fragte er, »hast du denn eine Ahnung, wo der gläserne Berg sein könnte und wie lange ich noch gehen muss, bis ich dahin komme?«

Sein Gastgeber war aber kein gewöhnlicher Kohlenmacher, sondern auch ein Zauberer. Er antwortete nun: »Wo der Glasberg ist, das weiß ich ganz genau. Doch bis dorthin ist's noch ein gutes Stück Weg. Damit du schneller hinkommst, will ich dir jetzt ein Mittel geben, für das du mir gewiss sehr dankbar sein wirst.«

Der Mann ging etwas holen. Nach einigen Minuten kam er mit zwei ungeheuer großen Stiefeln zurück.

»Da, zieh diese Stiefel an! Lass sie nur gehen, wohin sie selber wollen. So wirst du noch heute Abend zum gläsernen Berg kommen. Dort zieh die Schuhe aus und schau, was weiter geschieht!«

Der Jäger bedankte sich herzlich, schlüpfte in die Stiefel, und flugs ging es zur Haustür hinaus. Unsereins geht mit seinen Schuhen selbst und setzt dabei einen Fuß vor den anderen. In seinem Fall aber war es umgekehrt – die Stiefel gingen ganz von allein mit ihm über Stock und Stein, durch Wald und Feld, so schnell, dass dem armen Jäger beinahe der Atem verging. Eine Stunde um die andere verstrich, ein Riesenschritt folgte dem nächsten, aber am gläsernen Berg war der Wanderer noch immer nicht.

Die Sonne war schon fast am Untergehen, da endlich sah der Suchende vor sich etwas glänzen und flimmern. Das Leuchten kam immer näher und näher, sodass der Jäger bald überzeugt war, dem Ziel seiner Reise nahe zu sein. Die Stiefel griffen noch einige Male aus, bis sie am Fuß des gläsernen Berges haltmachten.

Da musste der Jäger nun zuerst die Augen schließen, ein solch heller Glanz leuchtete ihm entgegen. Sobald er sie wieder aufzutun wagte, zog er sich gleich die Riesenstiefel aus, so wie es ihm sein Gastgeber aufgetragen hatte. Kaum hatte er das riesige Paar vor sich hingestellt, so hatte er es auch zum letzten Mal gesehen. Sie liefen von alleine den ganzen Weg zurück. Mit blinzelnden Augen und müden Knien ging nun der Jäger am Fuß des Gebirges herum, um sich so viel wie möglich anzuschauen.

Der Berg, der vor ihm stand, war wirklich von unten bis oben aus hellem Glas. Die Abendsonne spiegelte sich darin, sodass es aussah, als gäbe es sie ein zweites Mal. Die Sonne im Glasberg schien fast noch schöner als die andere oben am Himmel. Es wuchsen dort auch Blumen, Büsche, Bäume und Gräser, die waren alle aus reinstem, feinsten Glas. Die Gräser neigten und wiegten sich im leisen Abendwind, und mit ihnen leuchteten und beugten sich die vielen Farben, die sie widerstrahlten. Ein leises Klirren und Klingen lag über dem Ganzen. Alles fing das Licht ein, glänzte, glitzerte und funkelte in allen Regenbogenfarben. Die gläsernen Baumblätter flimmerten noch schöner als zitternde Birkenblätter im Sonnenglanz. Sie funkelten wie die Schneekristalle im Winter oder wie Tautropfen in der Morgensonne.

Das alles gefiel dem Jäger wohl. Er hätte sich nur gewünscht, dass er auch wüsste, wie auf den Berg hinaufzukommen sei, denn das ganze Glas war glatter und härter als Eis.

»Kommt Zeit, kommt Rat«, dachte er sich und schaute sich einmal ganz gemächlich nach allen Seiten um. Da hörte er nicht weit von sich ein Geschrei. Er folgte dem Lärm, um schließlich zwei Buben zu finden, die um einen Sattel stritten.

»Aha«, dachte er sich sogleich, »da hab ich's schon. Der Sattel ist vielleicht auch so ein Reitpferd wie die zwei Stiefel.« Mit großen Schritten ging er auf die beiden Kinder zu, zog ein Goldstück aus der Tasche und warf es ihnen hin. Beide stürzten sich gierig auf die Münze. Der Jäger aber setzte sich schnell auf den Sattel – und husch! war der Sattel mitsamt dem Mann auf der Höhe des gläsernen Berges.

Der Reiter stieg ab. Er sah um sich eine gläserne Hochebene und darauf ein prachtvolles gläsernes Schloss. Es wuchsen viele Bäume dort. Doch alle Birken, Buchen, Lärchen, Linden, Zirben, Kiefern, Tannen, Fichten und Föhren waren durchsichtig und aus feinstem Glas.

Ohne sich lange zu besinnen, ging er zu dem Schloss hin und dort über die Stiege hinauf. Auf den Stufen kam ihm eine Frau entgegen. Das war keine andere als seine eigene liebe Frau. Sie schien ihm schöner als der ganze Berg und das Schloss mit allem Glanz.

Da fielen sich die beiden in die Arme und küssten sich innig. Die Frau hieß ihn herzlich willkommen, sagte aber dann: »Von hier komme ich. Die beiden Jungfrauen, die du bei mir am See gesehen hast, sind meine beiden Schwestern. Sie wohnen ebenfalls im Schloss. Du wirst sie aber nicht zu Gesicht bekommen, denn ich allein kümmere mich um Fremde hier. Meine Mutter, der Schloss und Berg gehören, legt jedem, der hierherkommt, allerlei Proben auf. Wer diese nicht zu lösen vermag, um den ist es geschehen. Schwere Prüfungen wirst du bestehen müssen, bis dein Leben gesichert ist. Sei aber unverzagt, denn ich will dir durch alle Gefahren glücklich hindurchhelfen!«

Kaum hatte sie fertig geredet, da kam auch schon ihre alte, eisgraue Mutter heran. Sie begrüßte den Ankömmling mit aller Freundlichkeit und lud ihn ein, zu bleiben. Der Jäger nahm die Einladung dankbar an. Nachdem er sich am Abendessen gütlich getan hatte, begab er sich zu Bett.

Kaum hatte er am anderen Morgen sein Lager verlassen, da ging die Tür seines Schlafgemaches auf. Die Alte trat herein. Nun war sie ganz anders. Mit tiefer Stimme brummte sie: »Weil du dich unterstanden hast, hierherzukommen, musst du heute alle Bäume des gläsernen Berges fällen und vor das Schloss bringen. Ist die Arbeit abends nicht vollendet, so sieh zu, wie es dir ergehen wird. An eine Flucht brauchst du nicht zu denken, denn ohne meinen Willen kommt niemand über die Grenzen dieses Berges. Da hast du ein Werkzeug für deine Arbeit.«

Mit diesen Worten warf sie ihm eine gläserne Hacke vor die Füße und ging zur Tür hinaus.

Dem Jäger wäre bei der Rede der Alten schon bange geworden, hätte er nicht auf das freundliche Versprechen seiner Frau vertraut. Er ging mit der Hacke hinaus. »Holla«, dachte er sich, als er die vielen, vielen gläsernen Bäume sah, »das wird kein Kinderspiel werden! Aber die Bäume sind ja aus Glas, und Glas bricht leicht.«

Gleich wollte er nun an den ersten Stamm Hand anlegen. Aber er mochte sich anstrengen, wie er wollte, der Baum fiel nicht um. Der junge Mann wäre nun noch verzagter geworden, hätte er sich nicht wieder an die Worte seiner Frau erinnert.

Er spazierte den ganzen Vormittag auf und ab. Seine gesamte Arbeit bestand darin, dass er sich den Berg von allen Seiten genau anschaute. Als die Sonne hoch am Himmel stand, brachte ihm seine Gemahlin das Essen. Sie sprach ihm Mut zu. Dann machte sie sich statt seiner an die Arbeit. Sie wusste, was sie tat. Es ging so schnell voran, dass der Jäger nur staunen konnte und sich über die Geschicklichkeit seiner Frau hellauf freute. Die Bäume purzelten um wie die Mücken. Nach einer halben Stunde lagen sie alle vor dem Schloss aufgehäuft.

Abends kam die Alte, um zu schauen, wie es mit der Arbeit stünde. Sie zeigte sich ganz zufrieden, als sie die Bäume alle auf einem Haufen liegen sah.

Aber am anderen Morgen kam sie wieder in das Zimmer des Jägers, als er kaum aufgestanden war.

»Heute«, brummte sie, »musst du allen Bäumen die Äste abhauen und Baumstämme spalten und die Äste klein hacken, sodass sie zum Brennen taugen.« Dann ging sie wieder.

Der Jäger nahm seine gläserne Hacke mit hinaus zu den gläsernen Bäumen. Doch der ganze Vormittag ging vorbei, ohne dass auch nur ein einziger Baum gespalten wurde. Als die Sonne mitten am Himmel stand, brachte ihm seine Frau wieder das Essen. Dann fing sie selbst an zu arbeiten. Da flogen die Äste von den Bäumen herab, und die Bäume und Äste stoben in Prügeln und Scheitern auseinander, dass es eine wahre Freude war. Als die Arbeit beendet war, trat die Frau zu ihrem Mann. Sie drückte ihm ein Fläschchen in die Hand und sagte: »Heute Nacht wird dein Zimmer voller Rauch werden. Du musst ersticken, wenn du kein Gegenmittel zur Hand hast. Trinkst du aber den Inhalt dieses Fläschchens, so wird dir der Rauch nicht schaden.« Mit diesen Worten ging sie wieder.

Abends kam die Alte aus dem Schloss, um nachzusehen, ob die Arbeit vollbracht sei. Als sie sah, wie fleißig Bäume und Äste klein gehackt waren, zeigte sie sich höchstzufrieden.

Es war wieder dunkel geworden. Kaum hatte der Jäger sich zu Bett gelegt, drang unter der Türe Rauch ins Zimmer. Der Rauch wurde immer dichter und dichter. Der junge Mann wäre ganz gewiss daran erstickt, hätte er nicht schnell nach dem Fläschchen gegriffen und es ausgetrunken. Nachdem dies aber getan war, kam ihm der Rauch gar nicht mehr beschwerlich vor. Er schlief so frisch und gesund wie nicht oft im Leben.

Am folgenden Morgen trat die Alte wieder ins Zimmer, in der festen Meinung, der Fremde werde tot im Bett liegen. Wie er ihr aber fröhlich entgegentrat, begrüßte sie ihn freundlich. Sie beglückwünschte ihn dazu, dass er alle drei Proben glücklich überstanden hätte. Dann bat sie ihn, er möchte ihr seine Lebensgeschichte erzählen.

Der Jäger begann ganz am Anfang. Schließlich kam er auch darauf zu sprechen, wie er seine Frau geholt habe und wer diese sei. Als die Alte vernahm, dass der Fremdling der Gemahl ihrer jüngsten Tochter war, da war sie wie ausgewechselt und wusste sich vor Freude gar nicht mehr zu halten. Sie beschenkte das Ehepaar aufs Kostbarste. Erst nach drei Tagen nahmen sie Abschied.

Jäger und Jägerin kehrten zu ihrem Vater zurück, und dieser hatte eine Freude, die man gar nicht beschreiben kann.

Die Jägerstochter und der Wurm

OB ES LANG her ist oder kurz, vor Zeiten lebte einmal ein Jäger mit seiner Frau und ihren vielen Kindern am Fuß eines großen Berges. In ihrem Haus waren die Schüsseln sehr sparsam gefüllt. Dem Mann ging es nämlich so, wie es bei der Jagd einem jeden geht. Heute erwischte er etwas, morgen wieder gar nichts. Viele Tage lief er sich müde und musste doch mit leeren Taschen heimgehen zu leeren Töpfen. Obgleich sie ein so schmales Einkommen hatten, bezahlten die Jägersleute davon auch noch einen Knecht, weil es gar nicht anders ging.

Der Jäger selbst hatte nämlich, was die Männerarbeit in und außer dem Hause betraf, zwei linke Hände. Der Knecht aber war ein tüchtiger und schneidiger Bursche. Der Jäger ging am liebsten mit seinem Hund im Wald des mächtigen Berges auf die Jagd. Dort bekam er noch am öftesten ein Stück Wild zu sehen.

Eines Tages war er mit seinem Jagdhund wieder unterwegs. Zwischen den Bäumen gab es ein paar Wege, die von mehreren Leuten, nicht nur von ihm selbst, begangen wurden. Oberhalb eines solchen Fußsteigs sah der Jäger einen Menschen auf der Erde liegen. Als aber sein Hund den Liegenden witterte, fing er mit einem

Mal an zu bellen, was das Zeug hielt. Bald gebärdete das treue Tier sich so wild, als ob es den Fremden nun und nun zerreißen wollte. Dem Jäger kam es ganz sonderbar vor, dass der Hund mit solcher Wut über den Liegenden herfallen wollte. Er tat sonst keinem Menschen etwas zuleide, sondern ging gehorsam nur aufs Wild. Mit Mühe vermochte der Jäger das tobende Tier zurückzuhalten.

Da richtete sich der am Boden Liegende ein wenig auf und sprach ihn an: »Verkaufst du mir den Hund?«

Dieser aber mochte sich nicht von seinem treuen Gefährten trennen und antwortete deshalb: »Zu Hause hab ich einen zweiten, den könnt ich dir geben. Diesen hier, den brauch ich selbst zur Jagd.«

Der am Boden war damit einverstanden und verlangte, der Jäger solle nur morgen gerade um dieselbe Zeit hierherkommen, dann könnten sie den Handel abschließen. Es müsse aber haargenau zur gleichen Stunde sein.

Der Jäger freute sich über den unerwarteten Verdienst. Dann wanderte er einige Zeit weiter den Berg hinauf und hinunter, doch an diesem Tag zeigte sich kein Wild. So ließ er schließlich das Herumlaufen gut sein und machte sich auf den Heimweg.

Als er nach Hause kam, erzählte er seiner Frau gleich, dass er den Hund, den er ohnehin nie auf die Jagd mitnähme, verschachert habe. Die Jägersfrau freute sich darüber und sagte: »Du hättest ihm auch den andern lassen können. Ich fände es besser, wenn wir unser Brot den Kindern zu essen geben, als dass wir damit die Hunde durchfüttern.«

Am anderen Tag, als die Zeit kam, zu der er dem Fremden beim Fußsteig begegnet war, sagte der Jäger: »Ich muss jetzt mit dem Hund hinausgehen, sonst könnte der Mensch ohne ihn fortgehen, und mit dem Handel wäre es nichts.«

Er lockte das Tier und wollte aufbrechen.

Da lief seine dreizehnjährige Tochter herbei und rief: »Vater, lass mich auch mitgehen!«

»Aber warum willst du denn gerade heute mitkommen?«, fragte der Jäger verwundert. Das Mädchen wusste darauf keine Antwort. Doch es hörte nicht auf inständig zu bitten und zu betteln. Weil die Frau Jägerin auch dafür war, willigte der Vater schließlich ein.

Der Mann ging nun also zusammen mit seiner Tochter und dem Hund hinaus auf den Berg. Bald kamen die beiden zu dem Steig. Heute lag aber an ebender Stelle, wo gestern der Fremde gewesen war, stattdessen ein unbändiger Wurm. Dem Jäger wurde angst und bang. Auch der Tochter war es ganz seltsam zumute. Sie nahmen sich bei der Hand. Der Vater sagte: »Lass uns schnell umkehren. Schon gestern ist mir der Mensch nicht richtig erschienen. Dass heute an seiner Stelle ein Wurm liegt, das kommt mir ganz unheimlich vor.«

Doch ehe sie umkehren konnten, regte sich der Drache. Er schoss auf das Mädchen los und umschlang es mit seinem Schweif. Der Jäger, starr vor Schreck, konnte nur zuschauen, wie das Ungetüm mit seiner Tochter in den Berg hineinfuhr und verschwand.

Bitter bereute er, dass er gerade heute keine Büchse mitgenommen hatte. Wäre er bewaffnet gewesen, so hätte er dem Untier wohl eine gesalzene Ladung auf die Haut gebrannt. Das bloße Nachschauen half aber nichts, die zwei waren verschwunden. Weil der Jäger nichts mehr tun konnte, beschloss er nach Hause zu gehen und seiner Frau die traurige Botschaft zu bringen.

Als die Jägersfrau nun ihn allein mit verstörtem Gesicht zurückkommen sah, erschrak sie. Der Jäger berichtete ihr die ganze Geschichte. Da fing die Jägersfrau an zu jammern und zu klagen. Immer wieder sagte sie laut: »Wir haben das Kind zu wenig gesegnet, sonst wäre es ihm nicht so übel ergangen.«

Gleich am nächsten Tag ging der Jäger wieder hinaus auf den Berg.

Suchend lief er hinauf und hinab, nach Norden, Osten, Süden, Westen. Allein, er fand nicht einmal ein Stück ihres Gewandes. Abends musste der Arme unverrichteter Dinge wieder heimkehren.

Von nun an ging er noch oft und oft hinaus, suchte alle Winkel und Löcher ab und dachte auch auf der Jagd immerzu an seine verlorene Tochter. Aber es sollten sieben Jahre vergehen, ohne dass er auch nur die kleinste Spur des Mädchens entdecken konnte.

Nach genau sieben Jahren trug es sich zu, dass der Jäger einmal gemeinsam mit seinem Knecht auf den Berg jagen ging. Sie sahen ein schönes Wild vorüberrennen. Dem liefen sie nach und glaubten, es bald zu erwischen. Doch das Tier narrte sie und blieb immer gerade außer Schussweite. So ging es eine lange Zeit. Das Wild war immer gerade so weit von ihnen, dass sie es noch sehen, aber nicht erlegen konnten. Da packte die beiden Männer der Ehrgeiz. Sie meinten, dieses Tier müssten sie heute noch kriegen, komme, was wolle, koste es, was es solle. So liefen sie ihm lange Zeit vergebens nach, ohne links oder rechts zu schauen. Dabei merkten die zwei nicht, dass es schon anfing zu dämmern.

Erst als es so dunkel war, dass sie das Wild nicht mehr sehen konnten, erwachten die beiden aus ihrer Jagdlust.

Der Jäger sagte: »Jetzt haben wir uns schön verspätet. Es ist schon Nacht, und wir kommen heute nimmer heim.«

»Das ist mir gleich«, antwortete der Knecht, »es ist ja nicht kalt. Wir können hier auf der einfachen Erde ebenso gut schlafen wie daheim im Bett.«

»Nein«, sprach der Jäger, »auf den bloßen Boden hier leg ich mich nicht. Mir ist es nicht geheuer. Es ist gerade heute auf den Tag genau sieben Jahre her, seit der Wurm meine Tochter weggetragen hat.«

Da erwiderte der Knecht: »Na gut, dann steige ich auf einen Baum hinauf und schaue, ob irgendwo in der Nähe ein Haus ist.«

Doch der Jäger lachte ihn aus: »Ja sicher ist hier ein Haus! Ich kenn den ganzen Berg von oben bis unten. Deshalb weiß ich ganz gewiss, dass hier herum nirgends eine Hütte steht.«

Der sture Knecht ließ sich aber nicht abhalten. Er stieg auf den Baum und schaute sich um. Da rief er auf einmal: »Siehst du! Gerade ein bisschen ober uns sehe ich ein Licht. Wo ein Licht leuchtet, da sind auch Menschen und ein Ort, wo wir über Nacht bleiben können.«

Dem Jäger kam das sonderbar vor. Er kannte die Gegend wie seine Westentasche. Hier wohnte weitum keine Menschenseele.

Der Knecht stieg rasch vom Baum herab. Er meinte: »Wir gehen dem Licht nach. Die Leute da oben werden uns sicher Obdach geben.«

Dem Jäger mangelte es an Schneid dazu. Doch der Knecht gab nicht nach und lachte ihn aus. Was blieb dem Zaghaften übrig als doch mitzugehen.

Sie waren einige Zeit den Berg hinaufgewandert, da funkelte das Licht ganz hell zwischen den Ästen durch. Der Jäger sah jetzt wohl, dass der kluge Knecht richtig gesehen hatte. Doch es wurde ihm nur noch banger. Wusste er doch ganz gewiss, dass er hier noch nie ein Haus gesehen hatte. Und es war weder ein Lagerfeuer noch eine Waldhütte, die sie nun fanden, sondern ein herrliches Schloss, das hell erleuchtet war.

Das Herz des Jägers klopfte bei diesem Anblick nur noch wilder. Der Knecht blieb stehen und sagte: »Jetzt siehst du, wer von uns beiden recht gehabt hat. Wenn ein Licht am Berg ist, so ist ein Haus auch dabei. Wir wollen die Leute hier um Unterkunft bitten. Vielleicht schlafen wir weicher als daheim.«

Der Jäger sagte aufgeregt: »An diesem Platz bin ich schon oft gewesen, aber da war noch nie ein Schloss. Glaub mir, das ist nichts Rechtes. Wir wollen lieber auf der Stelle umkehren und auf einem Baum übernachten.«

Der Knecht ließ sich aber nicht abhalten. Statt die ganze Nacht unbequem auf einem Ast zu hängen, wollte er lieber ins Schloss hineingehen. Er war neugierig und wollte sehen, was auch immer drinnen zu finden war. Weil der Jäger nicht allein im finsteren Wald stehen bleiben mochte, blieb ihm nichts übrig, als dem anderen zu folgen. Der Knecht ging also mutig voraus, der Jäger schlich verzagt hinterdrein.

Da kam ihnen eine wunderschöne junge Frau entgegen. Sie grüßte und fragte die beiden nach ihren Wünschen. Der Knecht erklärte: »Wir haben uns im Wald auf der Jagd verlaufen und kommen heute nimmer heim. Dürften wir um eine Nachtherberge bitten?«

Da erwiderte die Fremde: »Übernachten könnt ihr hier schon. Aber ihr dürft euch weder grausen noch fürchten.«

»Wenn es weiter nichts ist«, antwortete der Knecht, »dann können wir wohl bleiben. Wir kennen kein Grausen und kein Gruseln.«

Das mochte der Knecht wohl von sich sagen, aber der Jäger hinter ihm dachte darüber ganz anders. Doch er hielt jetzt den Mund und fügte sich in sein Schicksal.

Die junge Frau führte nun die beiden hinauf in ein Zimmer. Sie hieß sie dort niedersetzen und brachte ihnen etwas Gutes aus der Küche zu essen.

»Daran gibt es wahrlich nichts zu grausen«, grinste der Knecht und ließ es sich schmecken. Selbst der Jäger wurde ruhiger, wie ein jeder, der einen vollen Bauch hat.

Während die zwei Männer noch aßen, brachte die Jungfrau einen hölzernen Bottich wie für ein Bad und stellte ihn mitten im

Zimmer hin. Dann ging sie, um Wasser zu holen, einen Kübel nach dem anderen, bis der Bottich voll war. Die zwei Gäste wussten nicht, was das zu bedeuten hatte. Insgeheim fürchtete der Jäger sich wieder, der Knecht aber war neugierig.

Da kam auf einmal ein abscheulicher, wilder Wurm zur Tür hereingekrochen. Er warf sich in den Bottich, sodass das Wasser hoch herausspritzte. Dem Jäger wurde ganz angst und bang, denn er erkannte den nämlichen Wurm, der ihm vor sieben Jahren die Tochter geraubt hatte.

Jetzt ging die junge Frau zum Bottich, als ob es nichts wäre, und fing an, das Untier zu waschen. Je länger sie wusch, desto roter wurde das Wasser. Zuletzt war es ganz dunkelrot, als ob lauter Blut in dem Bad wäre. Die zwei am Tisch mussten sich zusammenreißen, so heftig schlug ihnen das Herz bis zum Hals. Als die Frau den Wurm fertig gewaschen hatte, half sie ihm heraus.

Da sagte er zu ihr: »Willst du mich denn nicht heiraten?«

»Nein«, antwortete sie, »das kann ich nicht. Du bist ein Wurm und ich ein Mensch.«

Doch er fragte sie noch einmal: »Tätest du mich nicht heiraten?«

Sie aber erwiderte: »Ich bin ein Mensch und du ein Wurm. Ich kann dich nicht nehmen.«

Da fragte er zum dritten Mal: »Willst du mich denn wirklich gar nicht heiraten?«

Jetzt erbarmte sie sich seiner: »Sieben Jahre habe ich dich schon gewaschen. Da werde ich es wohl auch noch eine Weile länger können. Wenn du es durchaus willst, so nehme ich dich eben.«

Kaum hatte sie das ausgesprochen, da war der Wurm mit einem lauten Knall verschwunden. An seiner Stelle stand ein wunderschöner junger Mann vor ihr. Strahlend bot er ihr als Bräutigam die Hand und sprach: »Endlich hast du mich erlöst! Zum Dank dafür will ich dich wirklich zur Frau nehmen und dir ein angenehmes Leben bereiten. Was wir brauchen, haben wir im Schloss genug, denn es wird nicht mehr verzaubert sein, so wie es bisher war.«

Dann führte er seine Braut vor den Jäger und fragte: »Kennst du diese Frau?«

Der Jäger sagte: »Woher sollte ich sie kennen?«

»Schau sie einmal gut an«, sprach der Jüngling, »und sag mir, ob es nicht etwa deine teure Tochter ist. Sieben Jahre bevor sie auf die Welt kam, war ich schon verwünscht. Dreizehn Jahre musste ich warten, bis ich sie auf mein Schloss brachte. Sieben Jahre hat sie mich tagtäglich waschen müssen. Jetzt ist der Bann gebrochen, und ich nehme sie zu meiner geliebten Gemahlin. Du und die deinen brauchen in Zukunft keine Not mehr zu leiden. Auch wenn du noch mehr Kinder hättest, als du wirklich hast, würde mein großes Gut wohl ausreichen, für alle zu sorgen.«

Der Jäger wusste nicht, wie ihm geschah, als er dies alles hörte. Er schaute bald die Braut, bald den Bräutigam an. Er konnte es fast nicht fassen, dass diese schöne Frau sein Kind, der junge Mann sein künftiger Schwiegersohn sein sollte. Aber er musste und wollte es doch glauben und fühlte auch, dass seine Tochter wirklich vor ihm stand. Außer sich vor Freude sprang der Vater auf und umarmte sie beide. Lauthals dankte er dafür, dass alles so gut ausgegangen war.

Am nächsten Tag gingen sie miteinander ins Jägerhaus. Als sie der Jägersfrau die ganze Geschichte erzählt hatten, war ihr Glück unbeschreiblich. Helle Freudentränen liefen der Mutter übers Gesicht.

Bald wurde die Hochzeit mit großer Pracht gefeiert. Von nun an hatten die Jägersleute bei dem guten Gemahl ihrer Tochter das beste Leben. Ob sie glücklich waren, braucht ihr nicht zu fragen.

Hansl Gwagg-Gwagg

VOR LANGER, LANGER Zeit hatte einmal eine Mutter drei Söhne. Der jüngste hieß Hansl. Er war, wie wohl mehrere seines Namens, ein rechter Lapp, ein Tollpatsch sondergleichen.

Zum Vererben hatte die Mutter nur eine winzige Hütte. Die war so klein, dass eine Familie drinnen Platz finden würde, niemals aber drei. So konnte die Frau nur einem ihrer Söhne ein Zuhause weitergeben, wenn er heiraten wollte. Die Arme dachte sich. »Wie kann ich nur entscheiden, wer leer ausgehen soll?«

Nachdem sie lange hin und her überlegt hatte, kam ihr ein Einfall, der allem Zweifel und Streit ein Ende machen sollte. Sie stieg in die Dielenkammer hinauf, nahm drei Riedel »Hoor«, also drei Bündel mit Flachs, der schon zum Spinnen bereit war. Die Mutter ging damit in die Stube hinab, wo die drei Buben gerade bei der Jause hockten. Sie setzte sich auch an den Tisch, legte die drei Strähn vor sich hin und sagte: »Ihr wisst wohl, dass unser Anwesen klein ist und für drei Familien nicht ausreicht. Es hat mir schon lange Kummer und Kopfzerbrechen gemacht, welchen von euch ich den anderen beiden vorziehen und als Erben einsetzen soll. Da hat nun jeder von euch einen Riedel ›Hoor‹, den mögt ihr zu euren Liebsten tragen. Wer seinen Strähn am schönsten gesponnen zurückbringt, dem soll unser kleiner Hof gehören. Er kann dann sein Mädchen als Eheweib heimführen.« Sie verteilte nun den Flachs an die drei Buben und ging hinaus.

Die zwei älteren Brüder waren wie verrückt vor Freude. Jeder für sich dachte: »Da kann's nicht fehlen. Die Meinige spinnt am schönsten landauf, landab, mit der kann keine mithalten. In einigen Wochen heiraten wir.«

Noch am selben Abend gingen die beiden zu ihren Liebsten, brachten ihnen die Riedel und erzählten, was die Mutter gesagt hatte.

Dem Hansl aber kam die ganze Geschichte spanisch vor. Er wusste nicht recht, was er mit dem Flachs anfangen sollte. Wie gesagt, er war ein rechter Tölpel, und die Narren haben selten eine Braut, die schon lange auf sie wartet.

So machte er sich abends aufs Geratewohl mit dem Strähn auf den Weg und wanderte langsam ein Stück in den Wald hinein. Er dachte nur daran, wo er vielleicht eine gute Spinnerin finden könnte, und schaute nicht rechts und nicht links.

Auf einmal hörte er eine Stimme, die rief in einem fort:

»Hansl, wo gehst hin?
Gwagg, gwagg.
Hansl, wo gehst hin?
Gwagg, gwagg.«

Er wunderte sich über diese seltsamen Worte. So hielt er Ausschau, um zu erfahren, wer denn da rufe. Er sah aber keinen Menschen weit und breit. Nur eine Wasserlacke war in der Nähe. Als er die Ohren weiter aufmachte, schien die Stimme von dort herzukommen.

Also ging er hin. Da sah der Hansl eine mächtige Kröte auf sich zupatschen, die schaute ihn gar freundlich an und schrie dabei in einem fort:

»Hansl, wo gehst hin?
Gwagg, gwagg.
Hansl, wo gehst hin?
Gwagg, gwagg.«

Der Bursche erzählte nun die ganze Geschichte: Dass er eine Spinnerin für das Flachsbündel finden müsse, das er bei sich trage. Dass diese Spinnerin, wenn sie die Arbeit recht gut vollendet hätte, sein Weib werden sollte.

Die Kröte hatte aufmerksam zugehört. Als die Erzählung zu Ende war, fing sie wieder an zu rufen:

»Hansl, nimm mi!
Gwagg, gwagg.
Hansl, nimm mi!
Gwagg, gwagg«.

Als er die Kröte so wehmütig bitten hörte, nahm Hansl den Riedel und warf ihn vor sie hin. Dann blieb er noch eine geraume Weile auf dem gleichen Fleck stehen. Er fragte sich nämlich, was das plumpe Tier mit dem »Hoor« wohl anfangen würde.

Rasch packte die Kröte den Flachs und wickelte ihn um einige Haselstauden herum. Hansl kannte sich gar nicht mehr aus. Als lange Zeit nichts weiter geschah und es nur immer dunkler wurde, ging er schließlich ärgerlich fort. Es wurmte ihn, dass er dem dummen Tier seinen Riedel hingeworfen hatte.

Missmutig ging er mit sich selbst ins Gericht: »Da hast du wieder einmal den Gescheiten gespielt! Hättest du den ›Hoor‹ behalten, so hättest du jetzt wenigstens etwas, so aber hast du gar nichts mehr.«

Auch am nächsten Tag ging ihm wieder die Geschichte vom vorigen Abend im Kopf herum. Da dachte er, es könne nicht schaden, doch noch einmal nach dem Rechten zu schauen.

Was hatte die Kröte wohl mit dem Flachs gemacht? Ihr »Hansl,

nimm mi! Gwagg, gwagg« kam ihm immer wieder in den Sinn. »Vielleicht«, so hoffte er nun, »geht die ganze Geschichte am Ende doch nicht so übel aus.«

Er wanderte also hinaus zur Lacke im Wald. Wie staunte der Jüngling, als er dort einen großmächtigen Strähn des feinsten Garns um die Stauden gezogen sah. Der Flachs war so fein gesponnen, wie er es noch nie gesehen hatte. Die Kröte kam auch wieder herangepatscht, schaute mit ihren kugelrunden Augen zu ihm auf und sagte: »Du wirst sehen, Hansl, dass der Flachs deiner Brüder nicht so fein gesponnen ist wie der deinige und dass das Häuschen dir zufallen wird. Aber weißt du, Hansl, dann musst du mich auch heiraten!«

Bei diesen Worten machte der Bursche ein saures Gesicht. Die Kröte aber schaute ihn schelmisch von unten an. Nachdem sie eine Weile seine Grimassen beobachtet hatte, fuhr sie fort: »Hast du die Hütte einmal in Händen, so eile und lass unsere Hochzeit nach Schick und Brauch dreimal verkünden. Dann lass in der Pfarrkirche ein Amt singen, eine feierliche Messe. Lass dir keine grauen Haare wachsen, wenn ich noch nicht da bin. Aber halte während des Amtes mein Brautkleid in der Sakristei bereit. Nimm auch noch zwei schöne Zweige von meiner Haselstaude hier. Stecke sie vor der Kirche in den Boden, ehe du zur Hochzeit hineingehst. Vertraue mir, dann wird schon alles recht werden. So, behüt dich Gott, Hansl!«

»Behüt dich Gott, Krötl«, antwortete Hansl.

Dann stand er noch eine Zeit lang da, als wäre er angepappt. Schließlich nahm er sich zwei Haselstecken und seinen Strähn und ging nach Hause. Daheim zeigte er der Mutter das Garn. Sie konnte kaum glauben, dass irgendjemand ein so feines Gespinst zustande gebracht hatte.

Die Brüder brachten ihren Flachs auch, aber der konnte mit dem

Strähn des Hansl bei weitem nicht mithalten. So war schnell ausgemacht und sonnenklar, wem die Hütte gehören würde.

Nun erzählte der Hansl auch die Geschichte von der Kröte. Er sagte, dass er zum Pfarrer gehen wolle, um die Hochzeit verkünden zu lassen. Da lachten Mutter und Brüder, dass ihnen die Bäuche wehtaten. Sie schimpften ihn einen Lappen und seine Einfälle nannten sie Unsinn.

Er aber blieb stur bei seinem Vorhaben und ging damit zum Pfarrer. Dieser musste über Hansls Einfall ebenfalls lachen. Aber der Bursche bestand auf seinem Begehren und sagte: »Ihr müsst es verkünden und für mich das Hochzeitsamt halten.« Da gab der Pfarrer schließlich nach. Hansl ging vergnügt nach Hause.

Nach zwei Wochen kam der Hochzeitstag. Hansl ging mit dem Brautzug in die Kirche, hängte aber zuvor das Brautkleid in der Sakristei auf und steckte die Haselstecken in den Boden am Kirchplatz.

Das Amt fing an. Es kam das Gloria. Dann das Credo, aber die Braut war immer noch nicht da. Der Bräutigam schaute von Zeit zu Zeit verzagt auf die Sakristeitür, doch niemand kam heraus. Die Messe ging schon dem Ende zu. Der arme Bursche wünschte sich in das Loch einer Kirchenmaus hinein. Die Leute, die in der Sakristei waren, schauten neugierig ins Freie hinaus. Sie fragten sich alle, ob wirklich noch jemand käme oder ob der Hansl ihnen wieder einmal einen recht dummen Streich gespielt hätte.

Alle glaubten schon das Letztere, als auf einmal – platsch, platsch – eine Kröte heranhüpfte und in die Sakristei hineinpatschte. Dort schaute das garstige Tier sich neugierig um. Als es das Brautkleid sah, hüpfte es mit einem Satz hinein.

Holla! Wie rissen da die Kirchenbuben und Mesnerknechte die Augen auf! Mit einem Mal steckte eine wunderschöne junge Frau in dem Kleid, das ihr wie angegossen passte. Sie ging ganz ruhig in die Kirche hinaus und kniete sich neben den Hansl nieder. Was derweil vor der Kirche geschah, sah vorerst niemand.

Der Bräutigam war fast außer sich vor Verwunderung. Er wagte kaum, seine Braut gerade anzuschauen, so schön war sie. Auch die anderen Leute in der Kirche vergaßen auf einmal den Geistlichen am Altar. Jeder reckte den Hals, um einen Blick auf die schöne Braut zu erhaschen. Die Messe war nun schnell zu Ende. Der Pfarrer trat vom Altar herab und gab das Brautpaar zusammen.

Als ob es der Wunder noch nicht genug wären, standen draußen auf dem Kirchplatz zwei prächtig geschmückte Rappen für das Brautpaar bereit. Das waren die beiden Haselstecken, die sich zugleich mit der Kröte verwandelt hatten. Auf diesen Rössern ritten die schöne Braut und der glückliche Bräutigam nun ins Wirtshaus zu Tisch und Tanz. Hansl freute sich sein Lebtag lang, dass er eine solche Frau bekommen hatte.

(nach Zingerle mündlich aus Absam)

Teilen mit dem Teufel

UNHEIMLICH WIRD EINEM Bauern hier bei uns nicht so schnell etwas. Deshalb gibt es auch so viele Märchen über kluge und verschmitzte Bauern! Eines der schönsten ist das folgende: Ein Bauer hatte einst nur ein einziges Feld, auf dem wollte fast gar nichts wachsen. Es war nämlich so steil, dass sogar die Ameisen herunterkugelten. Es war so steil, dass er oft klagte, er müsste die Erdäpfel annageln, um sie nicht alle zu verlieren. Ja, hätte der Bauer Hühner gehabt, er hätte ihnen Steigeisen anlegen müssen. Aber er hatte ja keine Hühner, nein, er hatte nur dieses eine steile Feld.

Außerdem gab es mehr Steine dort als gute Erde. Hatte der Bauer in einem Jahr alle Steine fortgetragen, dann kamen im Winter wieder die Riesen, liefen oben an dem Feld vorbei und lösten neue Felsbrocken aus dem Berg. Im Frühling konnte der Bauer dann wieder von vorn anfangen.

An einem solchen Frühlingstag stieß er sich den Fuß an einem besonders spitzen und gemeinen Stein. Da fing er an zu fluchen und auf Teufel komm raus zu schimpfen: »Dieses vermaledeite Feld, dieser verfluchte Steinacker, dieser Teufelsfels. Ach Gott, so lang schon habe ich immer zu wenig, um gut zu leben, und zu viel, um in Ruhe zu sterben. Weiß der Teufel, was ich mit diesem Feld anstellen soll. Wenn alle Bitten an Gott nichts helfen, dann soll mir doch der Teufel beistehen mit diesem Höllengrund!«

Man ruft den Teufel nicht, und wenn, dann nicht so laut. Denn wenn man vom Teufel spricht …

Der Bauer hinkte mit wehem Fuß nach Hause. An einer Wegkreuzung sah er einen seltsamen Fremden auf einem Stein sitzen. Er sah aus wie ein Edelmann im grünen Jagdgewand und trug einen großen grünen Hut auf dem Kopf.

Dem Bauern wurde es seltsam zu Mute. Er grüßte den Fremden. Der sprach ihn an: »Bauer, du machst aber ein verdrossenes Gesicht. Was hast du denn?«

»Was ich habe? Ein Steinefeld habe ich, auf dem will und will nichts Rechtes wachsen.«

Da schlug der Grüngekleidete vor, dass sie dieses Feld gemeinsam bestellen und dann die Ernte teilen wollten. Denn, so meinte er: vier Hände – halbe Arbeit.

Da antwortete der Bauer: »Du schaust nicht aus wie einer, der das Arbeiten gewohnt ist.«

»Das lass nur meine Sorge sein.«

Der Bauer aber war kein Dummkopf. Er wusste, wenn man an einer Wegkreuzung einen grüngekleideten seltsamen Fremden trifft, der noch dazu einen hohen Hut trägt und einen Handel vorschlägt, dann kann das nur einer sein. Kurzum, er wusste sehr genau, mit wem er es zu tun hatte.

Doch da fiel ihm ein Sprichwort seines Großvaters ein: »Pack das Glück sofort beim Bart, denn hinten könnte es kahlköpfig sein.« Also ging er auf den Vorschlag ein.

»Damit aber kein Streit beim Teilen entsteht«, meinte er, »so soll dir gehören, was über der Erde wächst, und mir, was unter der Erde ist.«

Der Teufel, denn er war's, schlug ein. Er wollte den Bauern, der so schön fluchen konnte, zur Gänze in seine Gewalt bringen. Dieser aber erzählte daheim seiner Frau die ganze Geschichte, und die zwei berieten sich, was zu tun sei.

Am nächsten Tag schon kam der Teufel, um seinen Teil der Arbeit zu verrichten. Kaum schaute der Bauer in eine andere Richtung, hatte der höllische Helfer das halbe Feld bestellt, und zwar besser als ein Sterblicher es jemals gekonnt hätte.

Der Sommer kam, der Sommer ging. Der Herbst zog ins Land. Als die zwei sich trafen, um die Ernte einzubringen, da rieb der Teufel sich schon erwartungsvoll die Hände. Doch dann sah er voller Wut, was der verschmitzte Bauer angepflanzt hatte. Was glaubt ihr wohl, was war's?

Ja genau: Karotten!

Davon gehörte dem Teufel nun nur das Grün überm Boden, der Bauer bekam das Gemüse. Da ärgerte sich der Grüngekleidete nicht wenig. Der Bauer aber brachte endlich eine gute Ernte heim. Von dem, was er damit verdiente, kaufte er sich einen eigenen Bienenstock. Denn wer Bienen hat, braucht nicht viel Land sein Eigen nennen. Die Bienen fliegen hierhin und dorthin. Der Nachbar freut sich über ihren Besuch, den Honig aber bringen sie nach Hause.

Als er im Frühling wieder zu seinem Feld ging, sah er an derselben Wegkreuzung denselben Gesellen sitzen.

Da sprach er ihn freundlich und fröhlich an. Der Teufel erwiderte den Gruß und meinte: »Du schuldest mir was, Bauer. Lass es uns ein zweites Mal versuchen! Wir wollen das Feld gemeinsam bestellen. Aber da du das erste Mal gewählt hast, darf ich beim zweiten Mal das Meine aussuchen. Ich möchte also diesmal das, was unter der Erde wächst.«

»Das ist nur gerecht«, war die Antwort des Bauern.

Gemeinsam bestellten sie das Feld. Zwei Bauernhände und zwei des Teufels, da war die Arbeit bald getan. Sie pflanzten diesmal aber – der Teufel wusste es nicht besser – Krautköpfe an.

Nun mag einer einwenden, dass auf einem solchen Feld wohl kaum Kraut wachsen würde. Aber einer, der das sagt, hat auch noch nie ein Feld mit des Teufels Hilfe bestellt.

Im Herbst, bei der Ernte, da war der Bauer zuerst dran, denn er durfte ja das nehmen, was über der Erde war. Die runden Krautköpfe musste er nur noch abschneiden. Sie rollten dann von selbst das steile Feld hinunter bis zum Hof. Er lud das ganze Kraut auf seinen Karren. Als der Teufel grinsend kam, sich seinen Teil zu holen, da blieb ihm nichts als dreckige Erde und trockene Wurzeln. Da fluchte der Teufel selbst.

Der kluge Bauer brachte das Kraut seiner Frau und die machte gutes Sauerkraut daraus. Als sie dieses nun viele Sonntage auf dem Markt verkauft hatten, da reichte das Geld für einige Hühner, die sich die Bäuerin schon lange gewünscht hatte. In jener Gegend war es nämlich üblich, dass das Eiergeld, das die Hühner einbringen, der Frau allein gehört.

Aber der Teufel wollte es ein drittes Mal versuchen.

Da sprach der Bauer großmütig: »Du bist nicht zufrieden gewesen, und das ist mir nicht recht. Es war nicht gut mit dem, was über der Erde war. Du bist nicht glücklich geworden mit dem, was unter der Erde war. Weißt du was? Das nächste Mal sollst du das in der Mitte bekommen. Meins ist das ganz oben und das ganz unten, du aber kriegst das, was dazwischen wächst.«

Der Teufel aber wusste schon, was es geschlagen hatte, denn selbst ein armer Teufel lernt dazu.

»Hah!«, rief er also, »diesmal kriegst du mich nicht dran! Nein, nein, das machen wir umgekehrt. Du nimmst das in der Mitte, meins ist oben und unten.«

»Mir auch recht«, war die Antwort des Bauern, »wenn du es durchaus so willst, dann sollst du's haben.«

So ging es wieder an die Arbeit, und sie war schnell getan. Der Sommer kam, der Sommer ging. Dann zog der Herbst ins Land. Teufel und Bauer gingen zum Feld. Der Grüngekleidete war sich seines Sieges sicher. Was glaubt ihr aber, hat der Bauer diesmal angebaut?

Kukuruz, ja Mais, ist es gewesen, der da mit des Teufels Hilfe schräg aus dem Boden wuchs.

Da nahm der Bauer sich die Mitte, die schönen gelben Türken. Dem Teufel gab er die welken Blätter oben, die dürren Wurzeln unten. Da fluchte der Teufel selbst. Er schimpfte, und stampfte mit dem Fuß so fest auf den Boden, dass er direkt in die Hölle fuhr.

Der Bauer aber hatte an seinem Feld endlich etwas verdient. Er kaufte sich auch noch eine gefleckte Kuh.

Und mit der Kuh, den Schafen und den Bienen hatte er so viel Freude und ein so leichtes Leben, dass er nie wieder bei der Arbeit fluchen musste.

(Volksmärchen, das in vielen Ländern erzählt wird,
nach Tirol versetzt von Frau Wolle)

Die Autorin

Frau Wolle, 1968 als Karin Tscholl in Innsbruck geboren, schloss ihr Studium der Vergleichenden Literaturwissenschaften und Germanistik mit einer Studie und Sammlung westafrikanischer und österreichischer Märchen ab. Seit 1995 erzählt sie als Frau Wolle frei und mündlich Märchen und Geschichten in ganz Europa. Ihre Erzählkunst wurde mehrmals bei internationalen Festivals ausgezeichnet. Sie legte bereits drei Märchensammlungen im Eigenverlag vor. Zusammen mit der jungen Künstlerin Anna Vidyaykina veröffentlichte sie bei Tyrolia die beiden wunderschön illustrierten Geschenkbücher »Hühnersuppe und Rosenduft. Ein Märchen von der Gastfreundschaft« sowie »Morgen ist morgen. Ein Märchen von Vertrauen und Gewitztheit«. 2016 erschien ihr bislang jüngstes Buch: die von der Tiroler Künstlerin Almuth Mota im Stil mittelalterlicher Buchmalerei aufwendig illustrierte Sammlung »König Lichterloh. Märchen und Geschichten von Krieg und Frieden, Streit und Vergebung, Zorn und Zärtlichkeit«.

Als Erzählerin geht es Frau Wolle darum, die alte Kunst des Märchenerzählens als vergnügliche Unterhaltung für Erwachsene wiederzubeleben. Ihre Veranstaltungen für Menschen im besten Alter entführen auf unnachahmliche Art und Weise in die bezaubernde Welt der Märchen. Weitere Informationen unter: www.frauwolle.at

Die Illustratorin

Irmingard (Irina) Jeserick, 1957 in Nürnberg geboren, studierte Freie Malerei und Grafik an der Akademie der bildenden Künste in Nürnberg. Sie beschäftigt sich seit vielen Jahren intensiv mit Märchen aus aller Welt und schuf dabei ihren eigenen unverwechselbaren Stil, den sie bereits in vielen Ausstellungen zeigte. Seit 1985 lebt die Künstlerin in Furth im Wald (Bayern), dort legte sie bereits drei aufwändig illustrierte Märchenbücher vor. »Die drei Rosen«, »Die schwarze Prinzessin«, »Der blaue Vogel«.

Quellen

Kinder- und Hausmärchen aus Süddeutschland, gesammelt und herausgegeben durch die Brüder Ignaz und Joseph Zingerle. Mit einer Einleitung von J. W. Wolf, Regensburg, Papier, Druck und Verlag Friedrich Pustet, 1854

Kinder- und Hausmärchen, gesammelt durch die Brüder Zingerle, Innsbruck, Verlag der Wagner'schen Buchhandlung, 1852

Besonders hinweisen möchten wir auf die umfangreichste Sagen- und Märchensammlung im deutschen Sprachraum, im Internet herausgegeben von Wolfgang Morscher: www.sagen.at

Märchen sind nicht nur
dazu da, Kinder zum Einschlafen
zu bringen, sondern auch um
Erwachsene aufzuwecken.